KÄSE & WEIN

KÄSE & WEIN

Köstliche Rezeptideen – feine Weinempfehlungen

von
Norbert Frank

BuchVerlag
für die Frau

ISBN 3-932720-98-9

© BuchVerlag für die Frau GmbH,
Leipzig 1999
Fotos:
Ketchum GmbH (S. 2, 11, 15, 27, 31, 62/63, 75, 83, 87, 91)
The Food Professionals (Titel, S. 23, 38/39, 42/43, 47, 51, 79)
Surig-Essig-Essenz (S. 4/5, 55, 67)
Milchwerke Schwaben (S. 59, 69)
Milchwerke Geislingen (S. 18/19)
Master Media (S. 35)

Gestaltung, Typografie und Satz:
Lore Jacobi, Jesewitz
Reproduktion: Repro Schneider, Leipzig

Druck und Bindearbeiten:
Salzland Druck GmbH & Co. KG, Staßfurt
Printed in Germany

INHALT

Kleine Käsekunde
8

Kleine Gerichte
14

Hauptgerichte
34

Salate
76

Desserts
82

Pikantes Käsegebäck
92

Rezeptverzeichnis
95

Zu diesem Buch

Bei der Zubereitung von Speisen jeglicher Art sollten Hygiene und Sauberkeit immer oberstes Gebot sein. Deshalb wurde bei den einzelnen Rezepten des Buches nicht weiter darauf eingegangen. Bei den Rezepten wird immer von den gewaschenen, geputzten, also küchenfertigen Zutaten ausgegangen.

Bei den Gewürzen sollte bei Pfeffer immer daran gedacht werden, daß dieses nahezu unentbehrliche Gewürz 'frisch gemahlen', also aus der Pfeffermühle, erst das volle Aroma entfaltet.
Übrigens, schwarzer Pfeffer ist schärfer im Geschmack als weißer.

Sofern nicht anders angegeben, beziehen sich die Rezepte auf 2 Portionen.

Alle Rezepte dieses Buches wurden mit Sorgfalt zusammengestellt und überprüft. Eine Garantie kann jedoch nicht übernommen werden. Eine Haftung des Verlages oder seiner Beauftragten für Personen-, Sach- oder Vermögensschäden ist ausgeschlossen.

Verwendete Angaben und Abkürzungen

EL	=	Eßlöffel, gestrichen
TL	=	Teelöffel, gestrichen
Msp.	=	Messerspitze
TK	=	Tiefkühl
l	=	Liter
ml	=	Milliliter = 1/1000 l
cl	=	Zentiliter
(2 cl	=	1 Schnapsglas)
kg	=	Kilogramm
g	=	Gramm
Pck.	=	Päckchen

Temperaturangaben

geringe Hitze	=	unter 100 °C
mittlere Hitze	=	um 175 °C
starke Hitze	=	um 200 °C und höher

Die Kombination von feinwürzigem Käse und arttypischem Wein war bereits zu Zeiten der Mesopotamier, lange vor unserer Zeitrechnung, bekannt und beliebt. Auch die alten Griechen und Römer pflegten den kulinarischen Schmaus, der letztlich in der französischen und italienischen Küche einen besonderen Stellenwert erhielt.

Nicht zuletzt durch die Reiselust der Deutschen in den vergangenen Jahrzehnten lernten auch wir Teutonen die Kombination zu schätzen. Viele brachten den Wunsch zurück in die Heimat, feine Gerichte auch am heimischen Herd zubereiten zu können. Daß dabei der Schwerpunkt auf deutschen Produkten liegt, schmälert den Genuß in keinem Fall. Viele der deutschen Käse- und Weinsorten haben eine lange Herstellungstradition und sind bei Feinschmeckern jeglicher Fachrichtung beliebt und begehrt.

Bei den Rezepten dieses Buches habe ich den Schwerpunkt auf heimische Produkte gelegt. Das kann und soll die vielen Importe aus aller Welt, die es sowohl bei Käsen als auch bei Weinen gibt, keinesfalls zurückstellen. Doch nicht jeder von uns wohnt in einer Großstadt, in der nahezu alle Produkte zu jeder Zeit erhältlich sind. Während hingegen die heimischen, und auch einige Import-Produkte, mittlerweile in nahezu jedem etwas besser sortierten Supermarkt angeboten werden.

Bei allen Rezepten dieses Buches sind schier endlose Kompositionsmöglichkeiten beim Kochen und Backen gegeben. Bereits eine andere Käsesorte oder ein anderer Wein kann gänzlich neue geschmackliche Horizonte eröffnen. Und da zum Kochen, sofern es mit Liebe geschieht, auch ein wenig Experimentierfreudigkeit gehört, können und sollen die Rezepte dieses Buches auch als Grundrezepte verstanden werden, die je nach persönlicher Vorliebe variiert werden können.

In diesem Sinn wünsche ich Ihnen schlicht

Ihr Norbert Frank

Kleine Käsekunde

Die feinen Milchprodukte, gleich ob der Rohstoff von Kühen, Schafen oder Ziegen stammt, präsentieren sich in einer großen geschmacklichen Bandbreite. Diese reicht von zart und mild bis kräftig, aromatisch und pikant. Experten wollen wissen, daß es weltweit mehr als 3000 verschiedene Sorten gibt, eine jede davon mit einem ganz eigenen Geschmack. Das würde bedeuten, daß ein Mensch fast zehn Jahre lang täglich eine andere Käsesorte ausprobieren könnte, bevor es eine Wiederholung des Genusses gäbe.

So ganz genau kennt aber niemand die Anzahl der verschiedenen Sorten, denn Käse wird nicht nur in Molkereien industriell oder halbindustriell hergestellt, sondern auch auf Almhütten, Bauernhöfen und in kleinen Dörfern. Jeder Hersteller hat sein eigenes Rezept und strebt 'seinen' sortentypischen Geschmack an.

Der bei uns angebotene Käse stammt überwiegend aus Deutschland, Holland, Frankreich, Dänemark, Italien, der Schweiz, England und sogar aus Amerika. Die verschiedensten Sorten, bei denen teilweise auf eine mehrhundertjährige Herstellungstradition verwiesen werden kann, sind so unterschiedlich im Geschmack und der Textur, wie die Länder, aus denen sie stammen. Bei der Auswahl hilft die nachstehende Konsistenz-Kunde.

Die Lagerung

Zuvor noch einige Anmerkungen zur richtigen Lagerung von Käsen. Allen Käsesorten gemeinsam ist, daß es sich um 'lebendige Nahrungsmittel' handelt. Käse ist keine Konserve mit (fast) unbegrenzter Haltbarkeit. Ab Beginn der Produktion, gleich wo diese beginnt, reift, altert und verändert Käse seine Struktur und den Geschmack. Deshalb muß Käse auch zu Hause, nach dem Einkauf, sorgfältig gelagert werden. Nicht ohne guten Grund gibt es spezielle Käseglocken, unter denen das Austrocknen reduziert wird. Die beste Lagertemperatur liegt bei ca. 12°C. Bereits geschnittener Käse sollte höchstens ein paar Tage gelagert werden. Deshalb kaufen Kenner Käse meist auch im Stück und schneiden dann, je nach Bedarf, mit einem Käsemesser oder Käsehobel die gewünschten Scheibenmengen ab.

Bei der Lagerung von Käse sollte darauf geachtet werden, daß dieser nicht zusammen mit stark riechenden Lebensmitteln gelagert wird, da Käse leicht das Fremdaroma annimmt.

Käse schmeckt übrigens am besten, wenn er etwa Zimmertemperatur hat. Deshalb sollte er rechtzeitig vor dem Verzehr aus dem Kühlschrank genommen werden. Daß die Rinde vor dem Verzehr entfernt werden sollte, versteht sich von selbst.

Die Inhaltsstoffe

Käse besteht überwiegend aus Milch, meist Rohmilch, seltener homogenisierter Milch. Dadurch enthält er sehr hochwertiges Eiweiß, Fett und verschiedene Mineralstoffe, sowie Vitamine. Genauso wie das Ausgangsprodukt, die Milch.

Die meisten Käsesorten werden aus Kuhmilch hergestellt. Je nach Landschaft und Herstellungsbrauch werden auch Schafs-, Ziegen- und Büffelmilch, in der Mongolei auch Stutenmilch, für die Herstellung verwendet.

Aus deutschen Landen stammen etwa 600 verschiedene Käsesorten. Sie unterscheiden sich durch die Art der für die Herstellung verwendeten Milch, die Beschaffenheit der eventuell eingesetzten Schimmelpilzkulturen, die Reifung, die Reifedauer und die Konsistenz. Viele der deutschen Käsesorten werden bereits seit mehr als 100 Jahren, ja teilweise sogar seit dem Mittelalter, nach nahezu gleichgebliebenen Rezepturen hergestellt. Zunehmend werden auch Käsesorten angeboten, die sozusagen 'aus der Retorte' stammen. Hergestellt nach neuen Rezepten, die die Hersteller erarbeiteten. Diese Produkte, die keinesfalls schlechter als Traditionsprodukte sind, werden auch unter Phantasienamen verkauft. Sogar französisch anmutende Namenskreationen sind darunter, von denen sich der Hersteller bessere Absatzchancen erhofft. Jeder Hersteller, heutzutage sind auch viele industriell gefertigte Käsesorten erhältlich, hat sein eigenes Rezept für den von ihm produzierten Käse. Deshalb kann eine Käsesorte, nehmen wir den 'Tilsiter', von verschiedenen Herstellern bezogen, auch etwas unterschiedlich im Geschmack sein. Meist schmecken nur absolute Kenner die feinen Unterschiede heraus.

Die Fettgehaltsstufen

Fachleute unterscheiden Käse nicht nur nach Sorten, sondern auch nach Gerinnungsart, Konsistenz, Trockenmasse und Fettgehalt. Erst nach dieser Klassifizierung erfolgt die Einordnung in einzelne Sorten.
Wie die meisten Dinge ist auch die Käseherstellung und -klassifizierung bei uns gesetzlich geregelt. Dafür gibt es eine Käseverordnung. Dieser zufolge muß bei Käse im Angebot neben der Sortenbezeichnung auch der Fettgehalt der Trockenmasse für Verbraucher angegeben werden.
Die Verordnung unterscheidet acht Fettgehaltsstufen.

Doppelrahmstufe: mindestens 60%, höchstens 85% Fettgehalt i. Tr. (i. Tr. = in der Trockenmasse)
Rahmstufe: mindestens 50% Fett i. Tr.
Vollfettstufe: mindestens 45% Fett i. Tr.
Fettstufe: mindestens 40% i. Tr.
Dreiviertelfettstufe: mindestens 30% Fett i. Tr.
Halbfettstufe: mindestens 20% Fett i. Tr.
Viertelfettstufe: mindestens 10% Fett i. Tr.
Magerstufe: weniger als 10% Fett i. Tr.

Die Trockenmasse

Unter dem Begriff Trockenmasse versteht der Fachmann den Anteil der Käsemasse ohne Wasseranteil. In jedem Käse ist mehr oder weniger viel Wasser enthalten. Die Trockenmasse zeigt also den Fett-, Eiweiß- und sonstigen Gehalt der Käsemasse an. Je fester ein Käse ist, desto höher ist der Anteil der Trockenmasse am Gesamtgewicht. Hartkäsesorten zum Beispiel haben den höchsten Anteil an der Trockenmasse, weil relativ wenig Feuchtigkeit in dem Käse vorhanden ist.
Die Trockenmassen-Bezeichnung ist für den Verbraucher deshalb wichtig, weil er

Putenröllchen mit pikanter Käsefüllung, Rezept auf Seite 72

dadurch den Käse, die Sorte, besser einschätzen kann. Wenn zum Beispiel im Handel ein Käse mit dem Hinweis '40% Fett i. Tr.', angeboten wird, vermuten Verbraucher manchmal, daß der Käse einen absoluten Fettgehalt von 40% hat. Dem ist aber nicht so. Die Angabe bezieht sich auf den Rest-Fettanteil, wenn dem Käse die gesamte Feuchtigkeit entzogen ist. Das bedeutet, daß der Käse insgesamt weniger Fettanteil als die angezeigten Prozentzahlen hat.

Die Konsistenz

Es würde zu weit führen, alle Feinheiten der Käse-Klassifizierung aufzeigen zu wollen. Allgemein wird Käse zunächst in Streich- und Schnittkonsistenz unterteilt.

Frischkäse: Unter diesen Begriff fallen alle Sorten, die keinen Reifungsprozeß benötigen: Quark, Schichtkäse, Hüttenkäse und streichfähiger Frischkäse.

Frischkäsezubereitung: Hinter der Bezeichnung verbirgt sich ein festgelegter Anteil an käsefremden Stoffen, die der Käsemasse beigefügt werden. Dazu gehören Früchte, Kräuter, Schinken, Salami, Gewürze, Gemüse, Pilze.

Weichkäse: Unter diesem Begriff werden alle weichen Labkäsesorten zusammengefaßt, deren Oberfläche mit feinem Edelschimmel überzogen ist. Zu diesen Sorten gehören zum Beispiel Camembert, Romadur oder Brie - unabhängig vom Herkunftsland. Außerdem werden Sorten, die mit Rot- oder Gelbschmiere überzogen sind, zu dieser Gruppe gezählt. Dazu gehören also auch Harzer oder Mainzer Käse, wie auch verschiedene Ziegenkäsesorten und Weinkäsearten. Alle genannten Sorten sind als junge Käse schnittfest. Erst mit zunehmender Reife, bis zur Vollreife, werden sie weich und fließend in der inneren Konsistenz. In dem Stadium der Reife sind sie meist auch kräftiger im Geschmack.

Halbfester Schnittkäse: Zu dieser Kategorie gehören die Sorten, die einerseits eine weiche Konsistenz haben, andererseits aber auch geschnitten werden können. Zu den bekanntesten Sorten dieser Gruppe gehören Esrom, Butterkäse, Weißlakker, Steinbuscher und Edelpilzsorten wie Dana blue oder Roquefort.

Schnittkäse: Wie der Name bereits sagt, werden die Käsesorten dieser Klasse meist geschnitten angeboten. Dazu gehören Gouda, Tilsiter, Edamer, Geheimratskäse, Appenzeller, Trappistenkäse,

Wilstermarschkäse und viele Sorten mehr. Diese Sorten werden überwiegend als große Käseräder oder als Blöcke vermarktet. Um das Austrocknen zu reduzieren oder zu verhindern, werden die Sorten meist mit Wachs, Paraffin oder Folie geschützt. Bei einigen Sorten dient auch die getrocknete, natürliche Käserinde als Schutz. Es versteht sich, daß Überzüge und die Rinde vor dem Verzehr entfernt werden müssen.

Hartkäse: Die einzelnen Sorten dieser Gruppe reifen am längsten. Sie haben überwiegend ein ausgeprägtes und intensives Aroma. Bedingt durch die erheblich längere Lagerzeit und das damit verbundene Austrocknen der Käsemasse, also einem natürlichen Gewichtsverlust, sind die Sorten meist teurer. Zu den bekanntesten Sorten dieser Kategorie gehören Emmentaler, Parmesan, Chester, Cheddar, Greyerzer, Stilton, Sbrinz. - Allen Hartkäsesorten gemeinsam ist die lange Lagerfähigkeit. Solange die einzelnen Sorten noch nicht voll ausgereift sind, lassen sie sich noch schneiden. Wenn der Käse vollreif ist, also den 'härtesten' Reifegrad erreicht hat, wird er entweder in Stücke gebrochen oder geraspelt und gerieben angeboten. Deshalb werden diese Sorten auch inoffiziell als Reibkäse bezeichnet.

Die Löcher im Käse

Nicht nur Kinder stellen die Frage, wie denn die Löcher in den Käse kommen. Zumal diese je nach Sorte unterschiedlich groß sind. Die Löcher sind herstellungsbedingt und gewollt im Käse vorhanden, weil sie sortentypisch sind. Es handelt sich dabei um sogenannte Gärlöcher. Bei der Herstellung des Käses ist im frischen Käseteig-Bruch stets ein gewisser Anteil an Molke und Milchsäure enthalten, der von Milchsäurebakterien als Nahrungsgrundlage genutzt wird. Diese sondern Kohlendioxid ab. Die Gase bilden im Laufe der Käsereife mehr oder minder große Löcher in der noch weichen Käsemasse. Wird ein Käse warm gereift, entstehen große Löcher, wie zum Beispiel beim Emmentaler. Bei geringeren Reifetemperaturen entstehen überwiegend kleinere Löcher oder Schlitze in der Käsemasse, wie beim Tilsiter.

Kleine Gerichte

Spinat in Käse-Creme-Sauce

(Für 4 Portionen)

1 kg frischer Spinat
1 Schalotte
1 Knoblauchzehe
20 g Butter
1/8 l Silvaner (Wein)
1/8 l süße Sahne
100 g deutscher Edelpilzkäse
2 Eigelb

Den Spinat tropfnaß in einen hohen Topf geben und zugedeckt dünsten, bis die Blätter zusammenfallen. Danach abtropfen lassen.
Für die Sauce die Schalotte und die Knoblauchzehe fein würfeln und in der erhitzten Butter andünsten. Wein und Sahne dazugeben, den Käse in kleine Stücke schneiden und unter Rühren in der Sahne schmelzen lassen, dann vom Herd nehmen. Die Eigelbe kräftig verschlagen und unter die Sauce rühren.
Den Spinat in tiefe Teller füllen und die Sauce vorsichtig dazugeben. Heiß mit Baguette servieren.

 Dazu einen Frankenwein reichen.

Quiche auf Landmannsart

50 g Mehl
3 EL Butter
1 Eigelb
Salz, weißer Pfeffer
je 1/2 rote, gelbe und grüne
Paprikaschote
50 g süße Sahne
50 g Halbfett-Frischkäse
2 Eier
1 Msp. Rosenpaprika
1 Msp. getrocknetes Basilikum
1 EL Schnittlauchröllchen
2 Scheiben Lachsschinken

Das Mehl, die Butter und das Eigelb mit etwas Salz und 1 bis 2 EL e skaltem Wasser in eine Schüssel geben. Mit den Knethaken des Handrührgerätes zu einem glatten Teig verarbeiten. Danach mit den Händen gut durchkneten. Den Teig in Frischhaltefolie wickeln und etwa 30 Minuten im Kühlschrank ruhen lassen.
Inzwischen die Paprikaschoten in Streifen schneiden.
Den Teig auf einer mit Mehl bestreuten Arbeitsfläche ausrollen, danach die mit Fett ausgestrichene Quiche-Form damit auslegen. Den Teig am Rand etwas hochdrücken. Die Paprikaringe darauf verteilen.
Die Sahne, den Frischkäse und die Eier verquirlen. Mit Salz, Pfeffer und Paprika würzen. Die Masse über die Paprikastreifen gießen und mit dem Basilikum und den Schnittlauchröllchen bestreuen.
Im Backofen bei starker Hitze etwa 30 Minuten backen. Mit Lachsschinkenstückchen garniert servieren.

 Dazu einen herben, weißen Landwein von der Ruwer servieren.

Würzige Käsekartoffeln

400 g Kartoffeln
Salz, weißer Pfeffer
1 Msp. gemahlener Kümmel
125 ml Gemüsebrühe
1 Zwiebel
1/2 Bund Frühlingszwiebeln
100 g saure Sahne, 1 Ei
125 g geraspelter Emmentaler
4 Tomaten
2 EL Schnittlauchröllchen

Die geschälten Kartoffeln in dünne Scheiben schneiden und auf einem Backblech auslegen, mit Salz, Pfeffer und etwas Kümmel bestreuen, danach die Gemüsebrühe auf das Blech gießen.
Die Zwiebel hacken und mit den in Streifen geschnittenen Frühlingszwiebeln auf

den Kartoffeln verteilen. Im vorgeheizten Backofen bei starker Hitze etwa 15 Minuten backen.

Zwischenzeitlich die Sahne mit dem Ei und dem Emmentaler verrühren. Die Tomaten enthäuten und in dünne Scheiben schneiden.

Die Tomatenscheiben auf die Kartoffeln legen und mit der Käse-Sahne-Mischung überziehen. Mit den Schnittlauchröllchen bestreuen und weitere 10 Minuten backen. Möglichst heiß servieren.

 Dazu einen trockenen Saale-Unstrut-Wein servieren.

Pikanter Frischkäse-Auflauf

200 g Halbfett-Frischkäse
50 ml entrahmte Frischmilch
1 Ei
15 g Speisestärke
1 Msp. Backpulver
100 g Katenschinken
1 kleine Zwiebel
Salz, weißer Pfeffer
1 Msp. gemahlene Muskatnuß
1 TL Sojaöl
1 EL Semmelbrösel
3 TL Butter

Den Frischkäse mit der Milch, dem Eigelb, der Speisestärke und dem Backpulver gut verrühren. Den Katenschinken und die Zwiebel in feine Würfel schneiden, zusammen mit Salz, Pfeffer und etwas Muskatnuß in die Käsemasse rühren. Das Eiweiß steif schlagen und darunterheben.

Eine Auflaufform mit dem Öl auspinseln, dann die Käsemasse einfüllen. Mit den Semmelbröseln bestreuen und mit Butterflöckchen belegen.

Den Auflauf im Backofen bei mittlerer Hitze in etwa 35 Minuten goldgelb backen.

 Dazu einen trockenen Riesling von der Mosel servieren.

Überbackene Zucchini-Schiffchen

(Für 4 Portionen)

1 Zwiebel
2 Knoblauchzehen
4 Zucchini (à ca. 250 g)
150 g Möhren
150 g Kohlrabi
je 1/2 rote und gelbe Paprikaschote
(ca. 150 g)
150 g Tomaten
200 g Schwäbischer Raclette im Stück
2 EL Olivenöl
Butter für die Form
je 1/2 Bund Petersilie und Thymian
Salz, weißer Pfeffer
einige Basilikumblättchen

Die Zwiebel und den Knoblauch fein würfeln, die Zucchini der Länge nach halbieren und das Fruchtfleisch aus der Schale heben, dabei einen etwa 1 cm starken Rand stehenlassen.
Die Möhren und den Kohlrabi schälen und fein würfeln. Die Tomaten, die Paprika und das ausgehobene Zucchinifleisch ebenfalls würfeln. Den Käse in dünne Streifen schneiden.
Das Öl in einer Pfanne erhitzen und die Zwiebel- und Knoblauchwürfel darin an-

dünsten, danach das restliche Gemüse hinzufügen und einige Minuten dünsten, dabei hin und wieder umrühren.

Eine Auflaufform ausfetten, die Kräuter fein hacken. Das Gemüse mit Salz und Pfeffer würzen und die Kräuter darunter mischen. Das Gemüse in die Zucchini-Schiffchen füllen, diese in die Auflaufform setzen. Restliches Gemüse ebenfalls in die Form geben. Den Käse auf den Schiffchen verteilen und alles im Backofen bei mittlerer Hitze etwa 25 Minuten überbacken. Mit den Basilikumblättchen belegt servieren.

 Dazu Grünkernbratlinge und einen trockenen Weißwein reichen.

Fein-würziges Käsesoufflé

125 ml Milch
1 altbackenes Brötchen
3 EL Butter
2 Frühlingszwiebeln
2 Eier
Salz, weißer Pfeffer
1 Msp. geriebene Muskatnuß
75 g geriebener Emmentaler
1 TL Butter
1 EL Semmelbrösel

Die Milch leicht erwärmen. Das Brötchen in Scheiben schneiden und in der Milch einweichen. 1 EL Butter schmelzen und die in Röllchen geschnittenen Frühlingszwiebeln darin leicht andünsten. Die eingeweichten Brötchen dazugeben und kurz mit anschwitzen. Dann vom Herd nehmen und etwas abkühlen lassen.

Die restliche Butter schaumig rühren. Mit den Eigelben, Salz, Pfeffer, Muskat und dem Käse vermischen und unter die Brötchenmasse rühren. Die Eiweiße zu Schnee schlagen und unterheben.

Zwei Souffléförmchen mit der Butter ausstreichen und mit den Semmelbröseln ausstreuen. Die Käsemasse einfüllen, so daß die Förmchen nur 3/4 voll sind. Im Backofen bei mittlerer Hitze etwa 15 bis 20 Minuten backen. Sofort heiß servieren.

 Dazu einen samtigen Rotwein aus Frankreich servieren.

Penne mit vier Käsesorten

250 g Penne (Nudeln)
Salz
50 g Gorgonzola
je 30 g Emmentaler und Butterkäse
100 g Doppelrahmfrischkäse
50 g geriebener Parmesan
3 TL Butter
75 g süße Sahne
1 Msp. geriebene Muskatnuß
1 ungespritzte Zitrone
1/8 l trockener Rotwein
weißer Pfeffer

Die Nudeln in Salzwasser bißfest kochen. In der Zwischenzeit den Käse in dünne Streifen schneiden. Mit dem Doppelrahmfrischkäse, dem Parmesan und der Butter in einen Topf geben.
Die Sahne hinzufügen und bei geringer Hitze zu einer glatten Creme verrühren. Mit etwas Muskatnuß würzen. Die Zitronenschale darüberreiben und den Wein einrühren.
Die gegarten Nudeln abgießen, unter die Käsesauce mischen und mit reichlich grob gemahlenem Pfeffer bestreut servieren.

 Dazu einen fruchtigen italienischen Landwein servieren.

Mild-sahniges Cordon bleu

(Für 4 Portionen)

4 Kalbsschnitzel, 2 cm dick (à ca. 200 g)
4 Scheiben Emmentaler
4 Scheiben gekochter Schinken
Salz, weißer Pfeffer
2 EL Mehl
1 Ei
3 EL Semmelbrösel
2 EL Butterschmalz

In jedes Schnitzel seitlich eine tiefe Tasche schneiden, eine Scheibe Käse und eine Scheibe Schinken hineingeben und die Öffnung mit Holzspießchen zustecken.
Die Schnitzel mit Salz und Pfeffer bestreuen und nacheinander in dem Mehl, in dem verquirlten Ei und in den Semmelbröseln wenden. Die Panade gut andrücken.
Das Butterschmalz in einer Pfanne nicht zu stark erhitzen und die Schnitzel darin bei mittlerer Hitze von jeder Seite etwa 7 Minuten goldbraun braten.

 Dazu einen fruchtigen italienischen Landwein servieren.

Fruchtige Hasentartes

(Für 4 Portionen)

Für den Teig:
200 g mittelalter Gouda im Stück
250 g Mehl
1 Ei
150 g Crème fraîche
Salz, weißer Pfeffer

Für die Füllung:
2 Schalotten
1 Knoblauchzehe
500 g Hasenfleisch aus der Keule
50 g Räucherspeck
2 EL Sonnenblumenöl
1 Zweig Rosmarin
einige Thymianblätter
200 ml Rotwein
1 Apfel
je 50 g grüne und blaue Trauben
150 g Crème fraîche
Salz, weißer Pfeffer
1/2 EL Margarine

Den Gouda reiben, die Hälfte des Käses mit Mehl, dem Ei, der Crème fraîche und etwas Salz und Pfeffer zu einem glatten Teig verkneten.
Den Teig etwa 30 Minuten im Kühlschrank ruhen lassen.

In der Zwischenzeit die Schalotten und den Knoblauch fein hacken. Das Fleisch waschen und trocken tupfen, mit dem Speck in kleine Würfel schneiden. Das Öl erhitzen und das Fleisch und den Speck darin kräftig anbraten. Dann die Schalotten und den Knoblauch dazugeben und mitbraten. Mit dem gehackten Rosmarin und Thymian würzen, mit dem Rotwein ablöschen und alles etwas einkochen lassen.
Den gewaschenen Apfel und die Trauben entkernen. Den Apfel vierteln, die Trauben halbieren. Beides zu dem Fleisch geben. Die Crème fraîche dazugeben und unterrühren. Alles mit Salz und Pfeffer abschmecken.
Kleine Törtchenformen einfetten und mit dem Teig auslegen. Mit einer Gabel den Teig mehrfach einstechen, dann die Torteletts im Backofen bei mittlerer Hitze etwa 10 Minuten vorbacken. Aus dem Ofen nehmen und mit der Fleischmasse füllen. Den restlichen Käse darübergeben und im Backofen weitere 20 Minuten backen.

 Dazu einen rassigen Rotwein servieren.

Schnelles Käsefondue

1 Packung Velveta Original Schweizer Käsefondue
1 Knoblauchzehe
weißer Pfeffer
1 TL Worcestersauce
1 EL Schnittlauchröllchen

Den Fonduetopf mit der leicht zerdrückten Knoblauchzehe ausreiben.
Das Käsefondue nach Packungsanleitung zubereiten. Danach mit etwas Pfeffer und der Worcestersauce würzen. Die Schnittlauchröllchen unterrühren.
Bei nicht zu starker Hitze während des Essens köcheln lassen.

 Dazu einen jungen, trockenen Rot- oder Weißwein servieren.

 Tip:
Weitere Geschmacksnuancen können durch das Hinzufügen von etwas Wein, Cognac, Bockbier oder Röstzwiebeln erreicht werden.

Würzige Kräutercreme in Paprikahälften

125 g Salatgurke
50 g Staudensellerie, 1 Schalotte
je 1/4 Bund Schnittlauch,
Dill und Petersilie
1 Knoblauchzehe, 200 g Quark
50 g flüssige Schlagsahne
Salz, weißer Pfeffer
1/2 TL Zitronensaft
1 rote Paprikaschote

Die Gurke schälen, halbieren, entkernen und in Würfel schneiden. Den Staudensellerie und die Schalotte in feine Würfel schneiden. Je einen Stengel Dill und Petersilie beiseite legen, die restlichen Kräuter fein hacken. Die Knoblauchzehe zerdrücken.
Den Quark mit der Sahne verrühren, dann mit den Gemüsewürfeln, den Kräutern und dem Knoblauch mischen und mit Salz, Pfeffer und dem Zitronensaft abschmecken. Die Paprikaschote halbieren, entkernen und mit der Kräutercreme füllen. Mit Dill und Petersilie garniert servieren.

 Dazu Vollkornbrot und einen weißen Landwein servieren.

Pikant eingelegter Käse

150 g Bayerhofer (Käse)
2 Frühlingszwiebeln
1 Schalotte
1 Chilischote
1 Knoblauchzehe
1 kleines Lorbeerblatt
4 Wacholderbeeren
1/2 TL schwarze Pfefferkörner
einige Blätter Estragon, Thymian
und Salbei
ca. 1/2 l Sonnenblumenöl

Den Käse in Scheiben, die Frühlingszwiebeln, die Schalotte und die Chilischote in Ringe schneiden. Die Knoblauchzehe fein hacken. Den Käse mit den Zwiebeln, den Gewürzen und den Kräutern abwechselnd in ein kleines Glas schichten, mit dem Öl auffüllen, dann das Glas verschließen. Bei Zimmertemperatur mindestens 24 Stunden ziehen lassen.

Dazu Laugengebäck und einen kräftigen Rotwein servieren.

Tip:
Je länger der Käse mariniert wird, desto würziger schmeckt er.

Deftiger Romadur

150 g Romadur, 1 Schalotte
1 Frühlingszwiebel, 2 EL Olivenöl
100 ml trockener Weißwein
100 ml Apfelessig
100 ml Mineralwasser
1 Msp. gemahlener Kümmel
1/4 TL getrockneter Majoran
1 Msp. Cayennepfeffer
Salz, schwarzer Pfeffer
1 Msp. Zucker
1 EL Schnittlauchröllchen

Den Romadur in Scheiben schneiden und in eine flache Schale legen.
Die Schalotte in Scheiben und die Frühlingszwiebel in Streifen schneiden. Beides mit dem Olivenöl in eine Schüssel geben. Den Wein, den Essig und das Mineralwasser dazugeben und mit dem Kümmel, dem Majoran, dem Cayennepfeffer (vorsichtig dosieren!), Salz, Pfeffer und Zucker kräftig abschmecken.
Die Zwiebeln mit der Sauce über den Käse geben und etwa 10 Minuten im Kühlschrank durchziehen lassen. Danach aus der Marinade nehmen, abtropfen lassen und mit dem Schnittlauch bestreut servieren.

Dazu Vollkornbrot und einen kräftigen Landwein servieren.

Riesling-Käse-Suppe mit Blätterteig-Talern

(Für 4 Portionen)

Für die Suppe:
1 Zwiebel
1 Knoblauchzehe
1 Stange Lauch
30 g Butter
2 Kartoffeln
1 l Geflügelbrühe
1/8 l Riesling (Wein)
1/8 l süße Sahne
50 g geriebener Emmentaler
50 g geriebener Tilsiter
Salz, weißer Pfeffer

Für die Taler:
150 g Blätterteig (TK)
etwas Mehl
1 Ei
50 g Sesamsamen

Die Zwiebel, den Knoblauch und den Lauch kleinschneiden. Die Butter in einem Topf zerlassen und das Gemüse darin anschwitzen. Die geschälten und gewürfelten Kartoffeln dazugeben und die Brühe angießen. So lange kochen, bis die Kartoffeln zerfallen. Danach alles mit einem Pürierstab zerkleinern. Den Wein, die Sahne und den Käse dazugeben und alles mit Salz und Pfeffer abschmecken.
Den Blätterteig etwa messerrückendick ausrollen und mit einem runden Ausstecher Taler ausstechen. Diese auf ein mit kaltem Wasser abgespültes Blech legen. Die Taler etwa 1 Stunde ruhen lassen. Danach mit dem verquirlten Ei bestreichen und mit dem Sesam bestreuen. Im Backofen bei starker Hitze goldbraun backen. Die Käsesuppe in Suppenteller füllen und die Taler auf der Suppe schwimmend servieren.

 Dazu einen trockenen Riesling reichen. Der Wein, der getrunken wird, sollte auch zum Kochen verwendet werden

Eingelegter Mozzarella

125 g Mozzarella
1 TL Kräuteressig
Salz, schwarzer Pfeffer
1/2 Knoblauchzehe
2 EL Rapsöl
50 g Bleichsellerie
1 Frühlingszwiebel

Den Mozzarella gut abtropfen lassen, dann in etwa 1/2 cm dicke Scheiben schneiden und auf einer Platte anrichten. Den Essig mit Salz, Pfeffer und der durchgepreßten Knoblauchzehe vermischen. Öl darunterschlagen. Den Sellerie und die Zwiebel in dünne Ringe schneiden und mit der Marinade vermischen. Den Salat über die Mozzarellascheiben geben und mindestens 1 Stunde durchziehen lassen.

 Dazu Baguette und einen leichten italienischen Rotwein servieren.

 Tip:
Mozzarella läßt sich auch auf Vorrat einlegen. Dazu die Zutaten in ein Glas füllen und mit Öl bedeckt kühl aufbewahren.

Pikanter Schafskäse-Brotaufstrich

1/2 Bund Dill
2 Zweige Estragon
4 Knoblauchzehen
6 entsteinte grüne Oliven
220 g Schafskäse
1 TL Zitronensaft
3 EL Olivenöl

Den Dill und den Estragon fein hacken. Die Knoblauchzehen zerdrücken. Die Oliven in dünne Scheiben schneiden. Den Schafskäse zerbröckeln, dann mit einer Gabel ganz zerdrücken. Alle Zutaten mit dem Schafskäse verkneten.

 Dazu Bauernbrot und einen kernigen Landwein servieren.

 Variation:
Zusätzlich das Fruchtfleisch von einer vollreifen Avocado mit einer Gabel zerdrücken und unter die Masse kneten. Eventuell mit etwas schwarzem Pfeffer nachwürzen.

Überbackenes Baguette mit Frischkäse

150 g Frischkäse mit Kräutern
1 TL Butter
1 Ei
50 g gekochter Schinken
1 Tomate
1 Sardellenfilet
1 Knoblauchzehe
1/4 TL getrockneter Oregano
1 Baguettebrot
1 EL Kapern

Den Käse mit der Butter und dem Ei zu einer cremigen Masse verrühren.
Den Schinken in schmale Streifen, die Tomate in kleine Würfel schneiden. Das Sardellenfilet fein hacken. Die Knoblauchzehe zerdrücken. Alles mit der Käsemasse vermischen, dann den Oregano unterrühren.
Das Baguette längs halbieren, in acht Stücke schneiden, die Käsemischung darauf verteilen und mit den Kapern garnieren. Im Backofen bei starker Hitze etwa 20 Minuten überbacken.

 Dazu einen trockenen italienischen Rotwein servieren.

Überbackene, würzige Käsekartoffeln

2 große Kartoffeln (à ca. 200 g)
100 g Frischkäse mit Kräutern
50 g Gorgonzola
50 g gekochter, magerer Schinken
1 Eigelb
1/2 TL Kümmelpulver
Salz, weißer Pfeffer

Die Kartoffeln mit der Schale gar kochen, danach abkühlen lassen. Den Frischkäse und den Gorgonzola in einer Schüssel verrühren. Den Schinken in ganz kleine Würfel schneiden und mit dem Eigelb und dem Kümmel unter die Käsemasse rühren, kräftig mit Salz und Pfeffer abschmecken.
Die Kartoffeln mit der Schale längs halbieren und die Hälften etwas aushöhlen. Das Ausgehöhlte mit einer Gabel zerdrücken und unter die Käsemasse mischen.
Die Kartoffelhälften mit der Käsemischung füllen und im Backofen bei starker Hitze etwa 15 Minuten überbacken. Heiß servieren.

 Dazu einen knackigen Salat und einen leicht gekühlten Rosé servieren.

Weinkäse mit Sherry-Champignons auf Blätterteig

(Für 4 Portionen)

1 Packung Blätterteig in Platten (TK), ca. 450 g
1 Eigelb
1 EL Milch
500 g kleine Champignons
30 g Butter
Salz, weißer Pfeffer
3 EL gehackte, gemischte Kräuter (TK)
100 ml trockener Sherry
4 Laibchen Weinkäse (je ca. 60 g)
1 TL geriebener, frischer Ingwer
100 g Crème fraîche

Die Blätterteig-Platten antauen lassen, dann zur doppelten Größe ausrollen. Aus jeder Platte eine runde Scheibe von ca. 20 cm Durchmesser ausrädeln. Diese mit einem Gemisch aus Eigelb und Milch bestreichen. Ein Backblech mit kaltem Wasser abspülen und die Scheiben darauflegen. Bei starker Hitze im Backofen goldbraun backen, dann etwas abkühlen lassen.

Die Champignons in einer Pfanne in der heißen Butter anbraten, dann mit Salz und Pfeffer bestreuen. Die Kräuter darübergeben und alles mit dem Sherry ablöschen. Etwa 3-4 Minuten bei geringer Hitze köcheln lassen.

Die Champignons mit ein wenig Sauce auf den Blätterteigplatten anrichten.

Jeweils einen halbierten Weinkäse in die Mitte der Platte setzen, mit etwas Ingwer bestreuen und im Backofen bei Oberhitze schmelzen lassen.

Die fertigen Teigplatten auf Teller plazieren und mit einem Tüpfelchen Crème fraîche sofort servieren.

 Dazu einen frischen französischen Rotwein reichen.

Fein-würzige Blätterteigtaschen

60 g frischer Spinat
80 g Tilsiter
1 Schalotte
1 Knoblauchzehe
1 EL Butter
30 g Magerquark
1 EL gehackte Petersilie
Salz, schwarzer Pfeffer
4 Platten Blätterteig (TK)
1 Eigelb
1 TL Sahne

Den Spinat in einem Topf mit wenig Wasser dünsten, bis er zusammenfällt. Dann gut abtropfen lassen und ausdrücken.
Den Tilsiter und die Schalotte in feine Würfel schneiden. Die Knoblauchzehe fein hacken. Die Butter in einer Pfanne erhitzen, die Schalotten- und Knoblauchwürfel darin glasig dünsten. Die Käsewürfel mit den Zwiebeln, dem Knoblauch, dem Quark, dem Spinat und der Petersilie gut vermischen und mit Salz und Pfeffer abschmecken.
Die Blätterteigplatten ausrollen und quer halbieren. In die Mitte jeder Hälfte je 1 EL Füllung geben. Das Eigelb verquirlen und die Teigränder damit leicht bestreichen. Die Teigplatten zusammenklappen und die Kanten festdrücken.
Das restliche Eigelb mit der Sahne verquirlen. Ein Backblech mit kaltem Wasser anfeuchten. Die Teigtaschen auf das Blech legen, mit der Eisahne bestreichen und bei starker Hitze in etwa 15 bis 20 Minuten goldbraun backen.

 Dazu Kurzgebratenes und einen frischen Mosel servieren.

Backpflaumen mit Käsecreme

8 entsteinte Backpflaumen
100 g Doppelrahm-Frischkäse
1 TL geriebener Meerrettich
1 Msp. Paprika, edelsüß
8 halbe Walnußkerne

Die Backpflaumen mit dem Daumen so eindrücken, daß kleine Schälchen entstehen. Den Frischkäse mit dem Meerrettich und dem Paprika verrühren. Die Käsecreme mit einem Teelöffel gleichmäßig in die Backpflaumen verteilen. Auf die Käsecreme jeweils eine Walnußhälfte drücken.

Dazu Baguette und je nach Geschmack einen leichten Weiß- oder Rotwein servieren.

Tip:
Anstelle des Frischkäses kann auch eine Mischung aus 80 g Roquefort mit 20 g süßer Sahne verrührt verwendet werden.
Die Pflaumen sind dann noch würziger.

Fritierte Weintrauben in Käse-Bierteig

je 200 g grüne und blaue Weintrauben
100 g Pikantje (Gouda)
80 g Mehl
70 ml Bier
1 Ei, getrennt
1 Msp. Salz
500 g Fett zum Ausbacken

Den Käse reiben. Aus dem Mehl, dem Bier, 60 ml Wasser, dem Eigelb und dem Käse einen glatten Teig rühren. Mit Salz abschmecken, dann 30 Minuten quellen lassen.
In der Zwischenzeit die Weintrauben waschen, abtropfen lassen und mit den Stielen in kleine Trauben von etwa 5 Stück teilen. Mit Küchenkrepp gut trockentupfen. Das Eiweiß zu Schnee schlagen und unter den Teig ziehen.
Das Fett in einem Topf oder der Friteuse sehr heiß werden lassen. Die Weintrauben durch den Teig ziehen, abtropfen lassen und in dem Fett schwimmend goldbraun backen. Auf Küchenkrepp abtropfen lassen und sofort heiß servieren.

Dazu einen gekühlten Rosé servieren.

Hauptgerichte

Gratinierte Gemüse-Kartoffeln

(Für 4 Portionen)

4 Kartoffeln à ca. 350 g
100 g Möhren
100 g Lauch
Salz, weißer Pfeffer
100 g Gemüsemais (Dose)
2 Stengel glatte Petersilie
6 Ecken Becel Schmelzzart-Käse
200 g Hähnchenbrustfilet
Paprika, edelsüß
2 EL Becel Diät-Pflanzenöl

Die Kartoffeln mit der Schale garen, dann etwas abkühlen lassen. Danach einen Deckel abschneiden und das Innere aushöhlen. Den Mais abtropfen lassen. Die Möhren und den Lauch in schmale Streifen schneiden, dann in Salzwasser in etwa 3 Minuten bißfest garen. Das Gemüse mit dem Kartoffelinneren vermischen, die gehackte Petersilie untermengen.

Das Gemüsewasser mit 2 Ecken Schmelzkäse verrühren und mit Pfeffer würzen. Die Hähnchenbrust in dünne Streifen schneiden, mit Salz und Pfeffer würzen und in dem heißen Öl etwa 5 Minuten anbraten, dann unter das Gemüse heben.

Die Kartoffeln mit der Masse füllen, die Käsesauce darübergeben. Die restlichen Käseecken in kleine Stücke schneiden und auf die Kartoffeln verteilen. Im Backofen bei starker Hitze etwa 10 Minuten überbacken, bis der Käse geschmolzen ist.

 Dazu einen kräftigen weißen oder roten Landwein servieren.

Pikanter Käseauflauf

200 g Brokkoli
250 g Wörishofener Schnittkäse, 2 Eier
125 ml Milch, Salz, weißer Pfeffer
6 Scheiben Vollkornbrot
125 ml Bier, 2 EL Butter

Den Brokkoli in kleine Röschen zerteilen und 3 Minuten in Salzwasser blanchieren. Das Kochwasser abgießen und den Brokkoli mit kaltem Wasser abschrecken. Den Käse in kleine Würfel schneiden. Die Eier trennen. Die Eigelbe mit der Milch, Salz und Pfeffer verquirlen. Die Brotscheiben in Würfel schneiden. ¾ davon in die Eiermilch geben und gut durchziehen lassen.

Das Bier, die Käsewürfel und die Brokkoliröschen dazugeben. Die Eiweiße zu steifem Schnee schlagen und unter die Masse ziehen. Die Mischung in eine eingefettete Auflaufform füllen. Die restlichen Brotwürfel und einige Butterflöckchen auf der Oberfläche verteilen.

Im vorgeheizten Backofen bei mittlerer Hitze etwa 25 Minuten backen. Der Auflauf ist fertig, wenn ein hineingestecktes Holzstäbchen sich sauber herausziehen läßt.

 Dazu einen trockenen Weiß- oder Roséwein servieren

Würziges Champignon-Kartoffel-Gratin

250 g festkochende Kartoffeln
250 g weiße Champignons
2 Schalotten
3 EL Butter
1 kleine Knoblauchzehe
2 EL trockener Weißwein
1 EL gehackte Petersilie
Salz, weißer Pfeffer
120 g süße Sahne
100 g geriebener Emmentaler
1 Eigelb
1 Msp. geriebene Muskatnuß
1 EL Schnittlauchröllchen

Die Kartoffeln schälen und in möglichst dünne Scheiben schneiden. In 1/2 l Salzwasser etwa 3 Minuten blanchieren. Danach herausnehmen, mit kaltem Wasser abschrecken, abtropfen lassen und auf Küchenkrepp ausbreiten.

Die Champignons in dünne Scheiben schneiden. Die Schalotten in feine Würfel schneiden und in 2 EL Butter glasig dünsten. Danach die Champignons dazugeben und kräftig anbraten. Die Knoblauchzehe in die Schalotten-Champignon-Masse auspressen und kurz mit andünsten.

Den Wein dazugeben und alles etwa

5 Minuten köcheln lassen, dann die Petersilie einstreuen und die Masse mit Salz und Pfeffer abschmecken.

Eine Auflaufform mit der restlichen Butter ausstreichen, die Kartoffelscheiben und die Champignonmasse schichtweise einfüllen. Auf jede Schicht etwas Sahne gießen und etwas Käse streuen. Die obere Schicht sollten Champignons bilden.

Die restliche Sahne mit dem Eigelb und etwas Muskatnuß verquirlen und über das Gratin geben. Den restlichen Käse darüberstreuen und im Backofen bei mittlerer Hitze etwa 20 Minuten backen, bis sich eine goldgelbe Kruste gebildet hat. Aus dem Backofen nehmen und mit den Schnittlauchröllchen bestreut servieren.

 Dazu einen fruchtigen, feinherben Silvaner servieren.

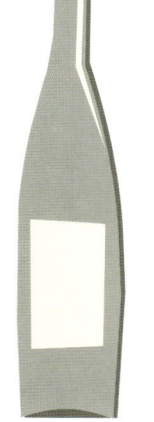

Delikate Fischfilets

(Für 4 Portionen)

250 g Tomaten, 2 EL Olivenöl
4 Rotbarschfilets (à ca. 150 g)
Salz, weißer Pfeffer, 2 Knoblauchzehen
1 EL gehacktes Basilikum, 300 g Zucchini
150 g Frischkäse mit Kräutern
3 EL trockener Weißwein
1 EL Semmelbrösel

Die Tomaten mit kochendem Wasser überbrühen, häuten, entkernen und in Würfel schneiden. Eine Auflaufform mit dem Olivenöl ausstreichen. Die Fischfilets beidseitig mit Salz und Pfeffer bestreuen und nebeneinander in die Form legen.

Den Knoblauch hacken und mit dem Basilikum und den Tomatenwürfeln auf dem Fisch verteilen. Die Zucchini in dünne Scheiben schneiden und schuppenförmig auf den Filets anordnen, mit etwas Salz bestreuen. Den Frischkäse mit dem Weißwein und den Semmelbröseln gut verrühren und die Filets damit überziehen. Im Backofen bei starker Hitze etwa 20 Minuten überbacken. Möglichst heiß mit Baguette servieren.

 Dazu einen frischen, jungen weißen Landwein aus der Pfalz reichen.

In Rotwein geschmortes Rindfleisch

(Für 4 Portionen)

*750 g Rindfleisch aus der Keule
200 g durchwachsener Speck
2 Bund Petersilie, 4 Knoblauchzehen
6 Schalotten, Fett zum Braten
Salz, schwarzer Pfeffer, 1 Zweig Thymian
1 Lorbeerblatt, je 1 Msp. Nelken-, Muskat- und Ingwerpulver
400 ml Rotwein, evtl. etwas Crème double*

Das Fleisch in mundgerechte Würfel schneiden. Den Speck, die Knoblauchzehen und die Schalotten fein würfeln. Das Fett in einem großen Bratentopf erhitzen und das Fleisch mit den Speckwürfeln darin scharf anbraten, dann den Knoblauch und die Schalotten hinzufügen und andünsten.

Die Gewürze, die Petersilie dazugeben und den Rotwein angießen. Den Topf verschließen. Bei geringer Hitze etwa 4 Stunden leicht köcheln lassen. In dieser Zeit den Topf nicht öffnen. Die Sauce des fertigen Gerichtes je nach Geschmack mit etwas Crème double verfeinern.

 Mit Baguettes und e nem trockenen Rotwein servieren.

Würziger Zucchiniauflauf mit Käse und Räucherschinken

*250 g Zucchini, 2 EL Mehl
Salz, weißer Pfeffer, 2 EL Scjaöl
150 g Maiskörner (Dose oder TK)
50 g Räucherschinken
50 g Kräuter-Frischkäse
1 Knoblauchzehe, 60 g saure Sahne
1/2 TL Paprikapulver
1 EL Semmelbrösel
30 g Butter*

Die Zucchini in Scheiben schneiden. Die Scheiben in dem Mehl wenden und mit Salz und Pfeffer bestreuen. Das Öl in einer Pfanne erhitzen und die Zucchini darin portionsweise von beiden Seiten anbraten.
Eine Auflaufform mit etwas Öl ausstreichen und die Zucchini hineinfüllen. Den Mais abtropfen lassen und auf die Zucchinischeiben verteilen. Den Schinken in kleine Würfel schneiden und über das Gemüse streuen.
Für die Sauce den Frischkäse mit der zerdrückten Knoblauchzehe und der Sahne verrühren und mit Paprika, Salz und Pfeffer pikant abschmecken. Die Masse auf das Gemüse streichen. Mit den Semmelbröseln bestreuen und mit Butterflöckchen belegen.
Im Backofen bei starker Hitze etwa 30 Minuten überbacken.

 Dazu einen kräftigen Landwein aus Italien servieren.

Herzhaftes Kartoffelgratin

(Für 4 Portionen)

*1/2 Bund Frühlingszwiebeln
20 g Butter
750 g mehligkochende Kartoffeln
3 Boskoop Äpfel
Salz, schwarzer Pfeffer
1 Msp. geriebene Muskatnuß
200 g süße Sahne, 2 Eigelbe
200 g große Champignons
75 g geriebener Emmentaler*

Die Frühlingszwiebeln in feine Ringe schneiden und in der Butter glasig dünsten. Die Kartoffeln schälen und in dünne Scheiben schneiden, danach auf Küchenkrepp ausbreiten und trockentupfen. Die Äpfel vierteln, schälen und entkernen, dann längs in dünne Scheiben schneiden. Die Champignons ebenfalls in dünne Scheiben schneiden.

Ein Drittel der Kartoffeln in eine Auflaufform schichten und mit der Hälfte der Zwiebeln bedecken. Die Hälfte der Apfelscheiben darauf verteilen. Alles mit Salz, Pfeffer und Muskatnuß würzen und mit etwas Sahne begießen. Danach das zweite Kartoffeldrittel, die restlichen Zwiebeln, die Champignonscheiben und die restlichen Apfelscheiben einschichten, würzen und etwas Sahne darüberträufeln. Mit dem letzten Drittel Kartoffeln bedecken, würzen und mit dem Käse bestreuen.

Die Eigelbe mit der restlichen Sahne verquirlen und über das Gratin verteilen. Im Backofen bei starker Hitze 35 bis 40 Minuten überbacken. In der Form servieren.

 Dazu einen kräftigen französischen Landwein servieren.

Badische Kartoffeln mit Münsterkäse

(Für 4 Portionen)

1,2 kg Kartoffeln, 2 EL Butterschmalz
1 Zwiebel, 1 Knoblauchzehe
1 Bd. Petersilie, 1 Zweig Bohnenkraut
100 g gekochter Schinken
250 g deutscher Münsterkäse
Salz, schwarzer Pfeffer, Paprika, edelsüß

Die Kartoffeln waschen und in Scheiben schneiden, die Scheiben trocken tupfen. Das Butterschmalz in einer großen Pfanne erhitzen und die Kartoffeln darin bei geringer Hitze etwa 20 Minuten braten. Dabei öfters wenden. Die Zwiebel fein würfeln, die Knoblauchzehe hacken, den Schinken in schmale Streifen schneiden. Die Kartoffeln mit Salz und Pfeffer würzen, die Zwiebel- und Knoblauchstücke dazugeben und weitere zehn Minuten garen. Danach die Schinkenstreifen, die gehackten Kräuter unterheben und alles in eine Auflaufform füllen. Mit dem in dicke Scheiben geschnittenen Käse belegen und unter dem Grill etwa 5 Minuten überbacken, bis der Käse geschmolzen ist.

 Dazu einen weißen, trockenen Landwein servieren.

Gänsebrust auf Erdnuß-Coulis

(Für 4 Portionen)

2 Gänsebrüste (à ca. 700 g)
Salz, schwarzer Pfeffer
1 EL Beifußpulver
1 EL Butterschmalz
1/2 l Geflügelbrühe
3 EL Heidehonig
250 ml trockener Weißwein
2 EL Weißweinessig
30 g Erdnußkerne
evtl. Saucenbinder

Die Gänsebrüste mit Salz, Pfeffer und Beifußpulver rundum kräftig einreiben. Das Butterschmalz in einem Bräter erhitzen und die Brüste darin rundum kräftig anbraten.
Das Fleisch mit der Hälfte der Brühe ablöschen und im vorgeheizten Backofen bei mittlerer Hitze etwa 50 Minuten schmoren, dabei das Fleisch öfters mit etwas Bratensaft begießen.
Nach der Hälfte der Bratzeit den Honig, Weißwein, Essig und die restliche Brühe dazugeben.
Die halbierten Erdnüsse in einer Pfanne ohne Fett anrösten. Das Fleisch aus dem Bräter nehmen und warm stellen. Den

Bratenfond durch ein Sieb passieren, entfetten, dann die Erdnußkerne dazugeben. Die Sauce aufkochen und mit etwas Salz und Pfeffer abschmecken.
Je nach Wunsch mit Saucenbinder andicken.
Die Gänsebrüste vorsichtig von den Knochen lösen und aufschneiden. Das Fleisch mit etwas Sauce auf Tellern anrichten.

 Dazu Basmatireis, Salat und eine weiße Auslese oder Spätlese servieren.

Würziges Käse-Brokkoli-Soufflé

350 g Brokkoli
Salz, weißer Pfeffer
1 Schalotte, 3 EL Butter
1 Msp. Zucker
50 g magerer Kasseler-Aufschnitt
1 Ei, 50 g Crème fraîche
75 g frisch geriebener Parmesan
75 g geriebener Emmentaler
1 Msp. geriebene Muskatnuß
1 TL Butter
1 EL Semmelbrösel

Den Brokkoli in Röschen und Stengel trennen. Die Stiele in 1 l Salzwasser 6 bis 8 Minuten kochen. Nach 4 Minuten die Röschen hinzufügen. Dann abgießen und den Brokkoli mit Eiswasser abschrecken, gründlich abtropfen lassen. Einige Röschen als Garnitur zurücklegen, die übrigen mit den Stielen im Mixer pürieren.
Die Schalotte fein würfeln und in einer Pfanne in der Butter glasig dünsten. Das Brokkolipüree hinzufügen und unter Rühren etwas trockendünsten. Dann das Püree kräftig mit Salz, Pfeffer und etwas Zucker abschmecken.
Den Aufschnitt fein würfeln und unter das Püree mischen. Das Eigelb mit der

Crème fraîche, dem Käse und etwas geriebener Muskatnuß mischen, unter das Püree ziehen. Das Eiweiß mit etwas Salz zu festem Schnee schlagen und unter die Masse ziehen.

Zwei feuerfeste Souffléförmchen (ca. 10 cm Durchmesser) mit der Butter ausstreichen und mit den Semmelbröseln ausstreuen. Die Soufflémasse einfüllen und die zurückbehaltenen Brokkoliröschen in der Mitte leicht in den Teig drücken.

Die Soufflés im Backofen bei mittlerer Hitze etwa 30 Minuten backen. Dann heiß servieren.

 Dazu einen kräftigen italienischen Landwein servieren.

Würzige Lasagne mit Ricotta

125 g Ricotta
40 g geschälte Sonnenblumenkerne
2 EL geriebener Parmesan
1 Ei
1/2 TL getrocknetes Basilikum
je 1 Msp. getrockneter Thymian
und Oregano
schwarzer Pfeffer
125 g Mozzarella
1 TL Sonnenblumenöl
250 ml passierte Tomaten
150 g grüne Lasagneblätter (TK)
2 EL geschälte Sonnenblumenkerne

Den Ricotta mit 40 g fein gehackten Sonnenblumenkernen, dem Parmesan, dem Ei, den Kräutern und etwas Pfeffer gut verrühren.

Den Mozzarella in dünne Scheiben schneiden. Eine feuerfeste Form mit dem Sonnenblumenöl einfetten. Die Hälfte der passierten Tomaten einfüllen. Die Lasagneblätter, die Ricottamasse, das restliche Tomatenpüree und die Mozzarellascheiben abwechselnd in die Form schichten. Mit den Sonnenblumenkernen bestreuen.

Im Backofen bei mittlerer Hitze etwa 25 Minuten überbacken. Vor dem Servieren einige Minuten stehen lassen, damit sich die einzelnen Schichten setzen.

 Dazu einen trockenen, weißen Landwein aus Württemberg servieren.

Pesce al forno

(Für 4 Portionen)

4 Kabeljaufilets (à ca. 200 g)
Saft einer Zitrone
Salz, weißer Pfeffer
250 g Kirschtomaten
1 mittelgroße Zucchini
3 Stangen Staudensellerie
1 Aubergine
200 g Mozzarella
2 Knoblauchzehen
4 EL Olivenöl
25 g gemischte italienische Kräuter (TK)
2 EL Tomatenmark

Die Filets waschen, trockentupfen, mit Zitronensaft beträufeln und mit Salz und Pfeffer würzen. Die Tomaten waschen und halbieren, die Zucchini, Staudensellerie und Aubergine putzen und waschen, dann in Scheiben schneiden. Die Auberginenscheiben mit Salz bestreuen und etwa 10 Minuten ziehen lassen, dann das Salz und den ausgetretenen Saft abspülen. Die Zucchinischeiben vierteln, die Auberginenscheiben achteln.
Den Mozzarella abtropfen lassen und in Scheiben schneiden. Die Knoblauchzehen zerdrücken. Drei Eßlöffel Öl erhitzen. Den Knoblauch, die Kräuter, die Zucchini, Staudensellerie und Aubergine darin etwa 10 Minuten bei geringer Hitze andünsten. Danach das Gemüse mit dem Tomatenmark vermengen, mit Salz und Pfeffer abschmecken, dann die Tomaten dazugeben.
Eine Auflaufform mit dem restlichen Olivenöl ausstreichen und die Filets hineinlegen. Die Gemüsemischung auf den Filets verteilen und mit den Käsescheiben belegen. Im vorgeheizten Backofen bei starker Hitze in etwa 20 Minuten garen.

 Dazu Backkartoffeln und einen roten Landwein reichen.

Raffinierter Nudelauflauf

1 kleiner Kopf Wirsing
150 g durchwachsener Speck
2 Schalotten
2 EL Butter
Salz, schwarzer Pfeffer
1/8 l Fleischbrühe
250 g Spiral-Nudeln
1 EL Pflanzenöl
200 g geriebener Gouda
20 g gehackte Walnüsse
2 EL gehackte Petersilie

Den Wirsing in Viertel schneiden, den Strunk herausschneiden und den Wirsing in Streifen schneiden. Den Speck und die Schalotten in Würfel schneiden.
In einem Topf 1 EL Butter erhitzen, den Speck darin auslassen, die Schalotten hinzufügen und goldgelb dünsten. Den Wirsing dazugeben, mit Salz und Pfeffer würzen, die Brühe angießen und etwa 15 Minuten schmoren, zwischendurch umrühren.
In der Zwischenzeit die Nudeln in kochendem Salzwasser bißfest garen, dann abtropfen lassen.
Eine Auflaufform mit dem Öl ausstreichen, die Hälfte der Nudeln einfüllen, den Wirsing und die Hälfte des Gouda daraufgeben und mit den restlichen Nudeln bedecken. Den restlichen Gouda über die Nudeln streuen und alles im Backofen bei starker Hitze in etwa 15 Minuten goldgelb überbacken.
Die restliche Butter in einer Pfanne schmelzen, die Walnüsse und die Petersilie kurz darin schwenken und vor dem Servieren auf dem Nudelauflauf verteilen.

 Dazu einen sehr trockenen Frankenwein servieren.

Gnocchi mit fein-würziger Käse-Rauken-Sauce

100 g Rauke
1 kleine Zwiebel
1 kleine Knoblauchzehe
250 g Gnocchi
1 TL Margarine
125 ml Gemüsebrühe
Salz, weißer Pfeffer
1 Msp. geriebene Muskatnuß
100 g Wilstermarsch-Käse
50 g süße Sahne

Von der Rauke die harten Stiele entfernen, das Grün fein hacken. Die Zwiebel und die Knoblauchzehe in feine Würfel schneiden. Die Gnocchi nach Packungsvorschrift garen.
Die Margarine in einer Pfanne erhitzen und die Zwiebel- und Knoblauchwürfel darin glasig dünsten. Die Rauke und die Gemüsebrühe dazugeben und etwa 10 Minuten dünsten. Mit Salz, Pfeffer und etwas Muskatnuß würzen.
Den Käse in feine Streifen schneiden und mit der Sahne bei milder Hitze zu einer glatten Creme kochen. Dann das Raukengemüse und etwas Brühe einrühren und die Sauce mit Salz und Pfeffer abschmecken.

 Dazu einen ganz jungen, frischen Rotwein servieren.

Würzige Käsespätzle auf Spinatbett

250 g Mehl
2 Eier
Salz, weißer Pfeffer
100 g geriebener Steppenkäse oder deutscher Tilsiter
10 g durchwachsener Räucherspeck
1 kleine Zwiebel
1 EL Butter
1 kleine Tomate
250 g Blattspinat
1 Msp. geriebene Muskatnuß

Das Mehl mit den Eiern, 1/8 l Wasser und 1 TL Salz zu einem dickflüssigen Teig verrühren. Mit den Knethaken des Handmixers so lange rühren, bis der Teig Blasen wirft, dann den Käse unterrühren.
In einem Topf Salzwasser zum Kochen bringen. Den Teig mit einer Spätzlepresse portionsweise in das kochende Wasser drücken. Die Spätzle sind gar, wenn sie aufschwimmen. Dann herausnehmen und auf einem Sieb abtropfen lassen.
Den Speck und die Zwiebel in kleine Würfel schneiden. Die Butter in einem Topf erhitzen und den Speck und die Zwiebel darin glasig dünsten. Die Tomate in Würfel schneiden und mit dem Spinat dazugeben. So lange bei mittlerer Hitze dünsten, bis der Spinat zusammenfällt, dann mit Salz, Pfeffer und etwas Muskat würzen.
Den Spinat auf zwei vorgewärmte Teller verteilen und die Spätzle darauf anrichten. Heiß servieren.

 Dazu einen jungen Burgunder oder herben Weißwein servieren.

Gefüllte Paprikaschoten

50 g Grünkern, 100 g Zucchini
100 g Porree
je ½ Bund Schnittlauch, Petersilie und Oregano
je 1 kleine Knoblauchzehe und Chilischote
100 g Chester Schmelzkäsescheiben
Salz, weißer Pfeffer
2 Paprikaschoten, 100 ml Gemüsebrühe

Den Grünkern über Nacht in reichlich Wasser einweichen. Dann etwa 10 Minuten bei geringer Hitze kochen und abgießen.
Die Zucchini und den Porree in Würfel schneiden. Die Kräuter, den Knoblauch und die Chilischote fein hacken. Den Käse in kleine Würfel schneiden. Alles vermischen und mit Salz und Pfeffer würzen.
Die Paprikaschoten halbieren, putzen, mit der Gemüsemischung füllen. Dann in einen Schmortopf setzen. Die restliche Füllung dazugeben und die Brühe angießen.
Aufkochen und bei geringer Hitze etwa 15 Minuten schmoren.

 Dazu Kräuterreis und einen fruchtigen kalifornischen Landwein servieren.

Hähnchen 'Baronet'

1 Zwiebel
1 Bund Suppengemüse
3 Hähnchenbrustfilets
3 EL Butter
½ l Hühnerbrühe
je 75 g getrocknete Rosinen und Feigen
200 g Thüringer Mett
2 Eier, 4 EL Semmelbrösel
3 EL trockener Weißwein
Salz, schwarzer Pfeffer
1 TL Currypulver
ca. 20 Fäden Safran
1 TL Kurkuma
1 Msp. geriebene Muskatnuß
1 Bund Petersilie
2 EL Butter

Die Zwiebel und das Suppengemüse in kleine Würfel schneiden. Dann mit zwei Filets in der zerlassenen Butter in einer Pfanne anbraten. Mit der Brühe ablöschen und darin alles fast ganz gar köcheln.
Das dritte Filet in kleine Stücke schneiden und im Mixer zusammen mit den Trockenfrüchten pürieren. Mit dem Mett, den Eiern und Semmelbröseln vermischen, dann den Wein unterrühren. Mit Salz, Pfeffer, Curry, Safran, Kurkuma und Muskat abschmecken. Danach die feingehackte Petersilie unterziehen.

Die beiden vorgegarten Filets mit der Masse umhüllen und in der restlichen Butter bei geringer Hitze in einer Pfanne goldbraun braten.

 Mit Endiviensalat und einem Kabinett oder einer Spätlese servieren.

Putencurry in Maasdamer-Sauce

75 g rote Linsen
Salz
250 g Putenbrust
1 Stange Porree
1 EL Sonnenblumenöl
1 EL Curry
1 Msp. weißer Pfeffer
375 ml Hühnerbrühe
50 g geriebener Holland-Maasdamer
100 g süße Sahne
1 TL Speisestärke

Die Linsen in kochendem Salzwasser 10 bis 15 Minuten garen, dann durch ein Sieb abgießen und abtropfen lassen.
Das Fleisch in mundgerechte Stücke, den Porree in Scheiben schneiden. Das Öl in einer Pfanne erhitzen, das Fleisch darin rundum anbraten. Mit Salz, Pfeffer und dem Curry würzen, mit der Brühe ablöschen. Den Porree hinzufügen und alles etwa 10 Minuten bei mittlerer Hitze schmoren.
Danach den Käse und die Sahne zum Fleisch geben, die Linsen daruntermischen und alles kurz erwärmen. Die Speisestärke einrühren, danach nochmals abschmecken und heiß servieren.

 Dazu einen kernigen Weißwein aus der Pfalz reichen.

Schollenröllchen mit Käse und Spinat

(Für 4 Portionen)

4 Schollenfilets (à ca. 100 g)
1 EL Zitronensaft
Salz, weißer Pfeffer
125 g Möhren, 500 g Spinat
150 g Holland-Schnittkäse
mit Knoblauch
4 Scheiben Frühstücksspeck (à ca. 15 g)
1 kleine Zwiebel
15 g Butter

Die Schollenfilets mit dem Zitronensaft beträufeln und mit etwas Salz bestreuen. Etwa 10 Minuten ziehen lassen.
Die Möhren 10 Minuten in Salzwasser garen, dann der Länge nach in feine Streifen schneiden.
Den Spinat in kochendem Wasser etwa 1/2 Minute blanchieren, mit kaltem Wasser abschrecken und auf einem Sieb abtropfen lassen.
Die Schollenfilets mit den Möhrenscheiben, dem Spinat und den dünn geschnittenen Käsescheiben belegen, aufrollen und jede Rolle mit einer Scheibe Frühstücksspeck fest umwickeln, mit einem Holzspießchen durchstechen.
Die Butter in einer Pfanne erhitzen. Die Zwiebel in Würfel schneiden, in eine Auflaufform geben und mit der flüssigen Butter übergießen. Den restlichen Spinat auf den Zwiebeln verteilen und mit Salz und Pfeffer bestreuen.
Die Schollenröllchen auf den Spinat setzen und im Backofen bei starker Hitze etwa 20 Minuten garen. Mit Pellkartöffelchen anrichten.

 Dazu einen fruchtig-frischen Weißwein von der Mosel servieren.

Überbackenes gefülltes Gemüse

4 kleine Paprikaschoten
2 Fleischtomaten
Salz, weißer Pfeffer
5 entsteinte grüne Oliven
1 Frühlingszwiebel
150 g Frischkäse mit Kräutern
1 Ei, 1 EL Kapern
1 EL Rapsöl
100 ml Gemüsebrühe

Die Paprikaschoten halbieren, entkernen und in kochendem Wasser etwa 3 Minuten blanchieren. Dann herausnehmen und mit kaltem Wasser abschrecken. Von

den Tomaten einen Deckel abschneiden, mit einem Löffel aushöhlen und mit Salz und Pfeffer ausstreuen.
Für die Füllung die Oliven fein hacken. Die Frühlingszwiebel in dünne Ringe schneiden. Den Frischkäse mit dem Ei, den Oliven, den Zwiebeln und den Kapern verrühren und mit Pfeffer abschmecken.
Das Öl in einen Schmortopf geben. Die Paprikahälften und die Tomaten mit der Käsemischung füllen und in den Topf setzen. Die Tomaten mit den Deckeln verschließen. Die Brühe angießen und alles bei mittlerer Hitze etwa 10 Minuten schmoren. Mit Reis servieren.

 Dazu einen trockenen roten Landwein reichen.

Gänsebrust mit Rote-Bete-Gemüse

(Für 4 Portionen)

2 Gänsebrüste (à ca. 800 g)
Salz, schwarzer Pfeffer
1/8 l trockener Rotwein
3 EL Crème fraîche
1 TL Mehl

Für das Gemüse:
1 kg gekochte Rote Bete, 100 g Butter
2 EL 25%ige Essig-Essenz
Salz, grob geschroteter, schwarzer Pfeffer
1 EL Zucker, 1 TL gekörnte Brühe

Die Gänsebrüste rundum mit Salz und Pfeffer einreiben, die Haut mehrfach mit einem Holzspießchen einstechen. Auf einem Rost über der Fettpfanne des Backofens bei starker Hitze etwa 30 Minuten braten. Während der Bratzeit öfters mit etwas Salzwasser übergießen.
Für das Gemüse die Rote-Bete-Knollen schälen und in Stücke oder Streifen schneiden. Danach durch die feine Scheibe eines Fleischwolfes drehen. Die Butter in einem Topf erhitzen und die Rote-Bete-Masse darin erwärmen. Mit Essig-Essenz, Salz, Pfeffer, Zucker und der gekörnten Brühe abschmecken.
Für die Sauce den Bratenfond in einen Topf gießen und mit dem Rotwein und 1/8 l Wasser auffüllen. Die Crème fraîche einrühren und die Sauce mit dem Mehl binden. Das Fleisch von den Knochen lösen und der Länge nach in Scheiben schneiden. Auf vorgewärmten Tellern mit dem Gemüse und Röstkartoffeln anrichten, die Sauce separat reichen.

 Dazu einen vollmundigen Rotwein servieren.

Feine Schmetterlingssteaks

(Für 4 Portionen)

300 g Champignons
3 TL Zitronensaft
220 g Lindenberger Käse
2 EL Butter
Salz, schwarzer Pfeffer
3 EL gehackte Petersilie
180 g Crème fraîche
2 EL Olivenöl
4 Schmetterlingssteaks (à ca. 150 g)
200 ml Gemüsebrühe

Die Champignons in dünne Scheiben schneiden und mit dem Zitronensaft beträufeln. Den Käse grob raspeln. Die Butter in einer Pfanne zerlassen und die Champignons so lange darin dünsten, bis alle Flüssigkeit verdampft ist. Mit Salz und Pfeffer würzen und etwas abkühlen lassen.
Ein Backblech mit Backpapier auslegen. Die Petersilie, den Käse und 1 EL Crème fraîche unter die Pilze mischen.
Das Öl in einer Pfanne erhitzen und die Steaks darin von beiden Seiten je 3 Minuten braten. Die Steaks auf das Backblech legen und mit der Champignon-Käse-Mischung bedecken. Im Backofen bei starker Hitze überbacken, bis der Käse goldbraun geschmolzen ist.

Inzwischen den Bratensatz in der Pfanne mit der erhitzten Brühe ablöschen, die restliche Crème fraîche einrühren und die Sauce etwas einkochen lassen, dann getrennt servieren.

 Dazu einen chilenischen Rotwein servieren.

Hackbraten mit Käse

1/2 Bund Frühlingszwiebeln
1 Knoblauchzehe
1 EL Öl
1/2 Bund Petersilie
100 g mittelalter Gouda
50 g Schafskäse
375 g gemischtes Hackfleisch
1 Ei
Salz, schwarzer Pfeffer

Die Zwiebeln in dünne Ringe schneiden und mit der ausgepreßten Knoblauchzehe in 1 TL Öl in einer Pfanne andünsten, danach etwas abkühlen lassen.
Die Petersilie fein hacken. Den Gouda und den Schafskäse in kleine Würfel schneiden.
Das Hackfleisch mit dem Ei, der Petersilie, den Zwiebeln, den Käsewürfeln und etwas Salz und Pfeffer gut verkneten. Den

Fleischteig zu einem länglichen Laib formen.

Eine feuerfeste Form mit dem restlichen Öl ausstreichen. Den Fleischlaib hineinlegen und im Backofen bei starker Hitze etwa eine Stunde garen. Heiß mit Roggenbrötchen reichen.

 Dazu einen reschen Weißwein aus dem österreichischen Burgenland servieren.

 Tip:
Der Hackbraten schmeckt auch kalt in Scheiben geschnitten ausgezeichnet als Aufschnitt oder zu Brötchen mit Butter und einem Salat.

Raffinierte Rouladen mit Käsesauce

(Für 4 Portionen)

4 Hähnchenbrustfilets
Salz, schwarzer Pfeffer
1 Msp. gemahlener Koriander
4 dünne Scheiben Parmaschinken
12 Salbeiblätter, 2 EL Öl
150 g Gorgonzola
100 ml Milch
1/2 l trockener Rotwein

Die Filets etwas flachklopfen, von beiden Seiten mit Salz, Pfeffer und Koriander bestreuen, mit je einer Scheibe Parmaschinken und drei Salbeiblättern belegen, zusammenrollen und mit Holzspießen feststecken.

Das Öl in einer Pfanne erhitzen und die Rouladen darin rundum scharf anbraten. Dann bei mittlerer Hitze unter Wenden noch etwa 5 Minuten braten, danach abkühlen lassen. Den Gorgonzola mit der Milch und dem Rotwein im Mixer pürieren. Die Sauce mit Pfeffer abschmecken und getrennt zu den kalten Rouladen servieren.

 Dazu Baguette und einen Beaujolais Primeur servieren.

Käsenocken auf Rosenkohlgemüse

(Für 4 Portionen)

250 g altbackene Brötchen
200 ml Vollmilch
250 g Schwäbischer Raclette im Stück
1 Zwiebel
1 TL Butter
1 EL Mehl
2 Eier
1 Eigelb
2 EL gemischte Kräuter (TK)
Salz, weißer Pfeffer
1 Msp. geriebene Muskatnuß
500 g Rosenkohl
50 g Schinkenspeck in Scheiben

Die Brötchen in dünne Scheiben schneiden und in der Milch einweichen. Die Zwiebel fein würfeln und in der erhitzten Butter weich dünsten. Den Käse raspeln, den Rosenkohl putzen und in Salzwasser garen.
Die Eier aufschlagen und mit dem Eigelb verrühren, mit dem Mehl, der Zwiebel, dem Käse, den Kräutern, etwas Salz und Pfeffer und einer Msp. Muskat zu einer glatten Masse verkneten. Mit einem Eßlöffel Portionen abstechen und mit nassen Händen zu Nocken formen. Diese in leicht kochendes Salzwasser geben und etwa 10 bis 15 Minuten köcheln lassen, bis sie an der Oberfläche schwimmen. Danach mit einer Schaumkelle herausheben.
Den Rosenkohl auf den Tellern anrichten und die Käsenocken darauf verteilen. Den Schinkenspeck knusprig braten und auf die Käsenocken legen.

 Dazu einen trockenen, weißen Landwein reichen.

Pikantes Rauchfondue

250 g Schwarzwälder Schinken
1 EL Butter
1 Zwiebel
1 Bund Frühlingszwiebeln
1 Knoblauchzehe
Salz
1/4 l Gewürztraminer
300 g Emmentaler
300 g junger Gouda
150 g Crème fraîche
2 El Schnittlauchröllchen
2 EL Speisestärke
schwarzer Pfeffer
1 Msp. Zucker
1/2 TL gemahlener Kümmel
1 Msp. geriebene Muskatnuß
1 TL Worcestersauce
1 kleines Bauernbrot

Den Schinken in kleine Würfel schneiden. Die Butter in einem Fonduetopf erhitzen und den Schinken darin anbraten. Die Zwiebel fein hacken. Die Frühlingszwiebeln in dünne Scheiben schneiden. Die Knoblauchzehe in 1/2 TL Salz zerdrükken. Alles zu dem Schinken geben und kurz mitdünsten.
Den Wein angießen und zum Kochen bringen. Den Käse fein raspeln, in den Wein geben und bei mittlerer Hitze unter ständigem Rühren schmelzen lassen. Danach die Crème fraîche unterrühren. Die Speisestärke mit wenig Wasser anrühren und das Fondue damit leicht binden. Mit Salz, Pfeffer, dem Zucker, dem Kümmel, dem Muskat und der Worcestersauce abschmecken. Danach den Schnittlauch unterrühren.
Das Brot in mundgerechte Würfel schneiden, auf einem Teller anrichten und zum Fondue reichen.

 Dazu einen samtigen Rotwein aus Frankreich servieren.

Gratinierte Hühnerbrustfilets mit Tomaten

(Für 4 Portionen)

4 Hühnerbrustfilets
(à ca. 150 g)
30 g Butter
Salz, schwarzer Pfeffer
200 g süße Sahne
250 g Fleischtomaten
3 Frühlingszwiebeln
200 g Holland-Schnittkäse
mit Brennessel
1 Knoblauchzehe

Die Butter in einer Pfanne erhitzen und die Filets darin von jeder Seite etwa 2 Minuten braten. Das Fleisch mit Salz und Pfeffer bestreuen und in eine Auflaufform legen.
Den Bratensatz in der Pfanne mit der Sahne loskochen und über die Filets geben.
Die Tomaten mit kochendem Wasser überbrühen, häuten und in Achtel schneiden. Die Frühlingszwiebeln in dünne Ringe schneiden. Das Gemüse über die Filets verteilen, mit etwas Salz und Pfeffer bestreuen und alles mit den Käsescheiben bedecken. Den Knoblauch darüberpressen.
Im Backofen bei starker Hitze etwa 15 Minuten überbacken, bis der Käse geschmolzen ist.

 Dazu einen feinherben Silvaner vom Rhein servieren.

Forelle auf Sekt-Sauerkraut

(Für 4 Portionen)

4 küchenfertige Forellen (à ca. 350 g)

Für die Füllung:
80 g Butter
8 Stengel Petersilie
8 Stengel Dill
2 EL Zitronensaft
Salz
2 Lorbeerblätter
2 Stengel Estragon
1 großes Sellerieblatt
2 Stengel Petersilie

Für das Sekt-Sauerkraut:
1 Zwiebel, fein gehackt
20 g Butterschmalz
400 g Weinsauerkraut (Dose)
1/8 l trockener Weißwein
1/8 l Sekt

Für die Käse-Sauce:
400 ml Fischfond (Glas)
1 TL Kartoffelstärke
250 g Edelschimmel-Käse
1 Msp. Cayennepfeffer, Salz

Die Forellen innen und außen mit Zitronensaft einreiben, dann leicht salzen. Die Bauchhöhlen mit je 1 Stückchen Butter und je 2 Stengeln Petersilie und Dill füllen.

In einem großen Topf aus den restlichen Kräutern und den Lorbeerblättern mit etwa 1 l Wasser einen kräftigen Würzsud kochen. Einen Dämpfeinsatz in den Topf geben und die Forellen etwa 15 - 20 Minuten im dem Dampf des Sudes garziehen lassen. Dann herausnehmen und sofort danach die Haut an Kopf und Schwanz einschneiden und abziehen.

Für die Sauce den Fischfond erhitzen und mit dem Stärkemehl leicht binden. Den zerbröckelten Käse mit einem Schneebesen in dem Fond unterschlagen, bis er sich aufgelöst hat. Danach mit Salz und Cayenne-Pfeffer (vorsichtig dosieren!) abschmecken. Anschließend die Sauce durch ein Sieb passieren.

Für das Sauerkraut die Zwiebelwürfel in dem Butterschmalz goldgelb anbraten, dann das Sauerkraut dazugeben, danach den Wein angießen. Alles etwa 5 Minuten garen, dann vom Herd nehmen und den Sekt angießen. Danach nicht mehr erhitzen.

Das Sauerkraut auf Teller verteilen, darauf je eine Forelle legen und mit der Käsesauce überziehen.

 Dazu Kartoffelpüree und einen leichten Wein von der Mosel reichen.

Sellerie-Cordon-bleus mit Butterkäse

(Für 4 Personen)

500 g Sellerie
Salz
200 g Butterkäse im Stück
2 EL Kräuteressig
250 g Butter
100 g Mehl
3 Eier
150 g Semmelbrösel
250 g Butterschmalz
2 Zitronen

Die Sellerieknolle schälen und in etwa 4 mm dicke Scheiben schneiden. Die Scheiben in 2 l Salzwasser etwa 5 Minuten bißfest garen. Danach kurz mit kaltem Wasser abschrecken und abtropfen lassen. Die Selleriescheiben und den Butterkäse in Quadrate von etwa 4 cm Kantenlänge schneiden. Je ein Käsestück zwischen zwei Stück Sellerie legen. Die Würfel zusammendrücken und in Mehl wenden.
Die Eier verquirlen. Die Würfel durch die Eimasse ziehen und in den Semmelbröseln wälzen. Die Panade etwas andrücken. Die Cordon bleus in einer Pfanne in dem Butterschmalz goldbraun ausbacken. Mit Zitronenschnitzen garniert anrichten (Foto Seite 2).

 Dazu einen kräftigen, trockenen Weißwein aus der Saale-Unstrut-Region servieren.

Pollo 'Trentino'

(Für 4 Portionen)

4 Hähnchenbrustfilets (à ca. 150 g)
6 EL Rapsöl
Paprika, edelsüß und scharf
Salz, schwarzer Pfeffer
200 g Gorgonzola, 125 ml Vollmilch
Saft von 1 Orange
1 EL heller Saucenbinder
500 g frische, grüne Tagliatelle
einige Basilikumblättchen

Das Öl mit den Gewürzen verschlagen und die Filets damit rundum einpinseln und einige Minuten ziehen lassen. Den Gorgonzola würfeln, die Milch in einem Topf erhitzen und den Käse darin schmelzen lassen, dabei öfters umrühren. Die Sauce mit Salz, Pfeffer und dem Orangensaft abschmecken. Danach aufkochen und mit dem Saucenbinder andicken.

Die Tagliatelle nach Packungsvorschrift garen, dann abgießen und abtropfen lassen. Die Filets in dem erhitzten restlichen Würzöl in einer Pfanne bei mittlerer Hitze braten, dann schräg in Scheiben schneiden.
Die Tagliatelle mit den Filetstreifen und der Sauce überzogen auf Tellern anrichten und mit den Basilikumblättchen belegt servieren.

 Dazu einen Salat und einen frischen roten Chianti reichen.

Putenschnitzel mit Roquefortsauce

(Für 4 Portionen)

250 g süße Sahne
150 g Roquefort
4 EL Semmelbrösel
1 Msp. gerebelter Thymian
1 EL abgeriebene Zitronenschale
20 g Butter
1 TL Zitronensaft
4 Putenschnitzel (à ca. 180 g)
20 g Butterschmalz, Salz
4 EL trockener Weißwein
grob gestoßener schwarzer Pfeffer

Die Sahne mit dem zerbröselten Roquefort bei geringer Hitze unter Umrühren dickcremig einkochen lassen. Die Semmelbrösel mit dem Thymian und der abgeriebenen Zitronenschale mischen. Die Butter in einer Pfanne nur eben schmelzen lassen und mit dem Zitronensaft verrühren. Die Schnitzel von beiden Seiten mit etwas Salz bestreuen, zuerst in der geschmolzenen Butter, dann in den Semmelbröseln wenden. In dem heißen Butterschmalz auf jeder Seite etwa 3 Minuten braten.
Die Roquefortsauce mit dem Wein verrühren und mit etwas Pfeffer würzen. Die Schnitzel auf einer vorgewärmten Platte anrichten und mit etwas Sauce übergießen. Die restliche Sauce getrennt reichen.

 Dazu einen jungen trockenen Rosé servieren.

Spaghetti mit Gemüse und Petersilienpesto

(Für 4 Portionen)

Für das Pesto:
3 Bund Petersilie
3 Knoblauchzehen
100 g abgezogene Mandeln
50 g Parmesan
Salz, weißer Pfeffer
5 EL Olivenöl
1 TL Essig-Essenz 25%

Außerdem:
500 g Brokkoli
200 g Austernpilze
100 g Schalotten
1 EL Olivenöl
100 ml fruchtiger Weißwein
2 TL Essig-Essenz
Salz
1/2 TL Sambal oelek
(Pfefferschotenpaste)
250 g Spaghetti

Die Petersilie, die Knoblauchzehen, die Mandeln und den Parmesan in einer Küchenmaschine sehr fein hacken. Dann Salz, Pfeffer, Olivenöl und Essig-Essenz dazugeben und die Masse gut vermischen und durchziehen lassen.

Den Brokkoli in Röschen zerteilen, die Pilze putzen und halbieren. Die Schalotten vierteln und in dem erhitzten Öl anbraten. Danach die Pilze dazugeben und kurz mitbraten.
Den Brokkoli, den Wein, die Essig-Essenz, etwas Salz und Sambal oelek (vorsichtig dosieren!) miteinander vermengen und zu den Pilzen in die Pfanne geben. Zugedeckt etwa 8 Minuten schmoren lassen.
In der Zwischenzeit die Spaghetti nach Packungsvorschrift bißfest garen.
Das Gemüse und das Pesto zu den gegarten Spaghetti geben und alles vorsichtig vermengen. Sofort, noch sehr heiß, servieren.

 Dazu einen trockenen roten oder weißen Landwein reichen.

Geschmortes Kaninchen

(Für 4 Portionen)

1 küchenfertiges Kaninchen (ca. 1,5 kg)
Salz, schwarzer Pfeffer
2 EL Senf
50 g fetter Speck
2 EL Sojaöl
4 Knoblauchzehen
3 kleine Zweige Rosmarin
1 TL getrockneter Thymian
1/4 l herber Weißwein
1 EL Essig-Essenz 25%
1/4 l Fleischbrühe
500 g kleine Zwiebeln
500 g kleine Tomaten
150 g Crème fraîche

Das Kaninchen in 8 - 12 Stücke portionieren. Die Stücke rundum mit Salz, Pfeffer und etwas Senf einreiben.
Den Speck würfeln und in einer Pfanne mit dem Öl ausbraten. Die Kaninchenstücke in dem Fett nacheinander rundherum kräftig anbraten. Mit dem Bratenfett in einem Bräter in den Backofen geben. Den ausgepressten Knoblauch und die Kräuter dazugeben. Den Wein mit der Essig-Essenz und der Fleischbrühe verrühren und über die Fleischstücke gießen. Die Zwiebeln grob zerteilen und in den Bräter geben.

Im vorgeheizten Backofen bei starker Hitze etwa 60 Minuten zugedeckt garen. Danach die gehäuteten Tomaten und Crème fraîche dazugeben. Ohne Deckel im Backofen bei mittlerer Hitze weiter etwa 30 Minuten schmoren.
Danach auf einer Platte anrichten und mit Fladenbrot servieren.

 Dazu einen vollmundigen Weißwein reichen.

Geschmorte Lammschulter mit Kräutern

(Für 4 Portionen)

1 kg Lammschulter ohne Knochen
1 Bund Suppengrün
1 große Zwiebel
2 Knoblauchzehen
20 g Butterschmalz
je 1 Bund Petersilie,
Kerbel, Thymian
1/4 l herber Weißwein
Salz, schwarzer Pfeffer
200 g Schwäbischer Raclette
in Scheiben

Das Suppengrün fein würfeln, die Zwiebel fein hacken, den Knoblauch auspressen, die Kräuter möglichst fein hacken. Zwei EL Kräuter zunächst beiseite stellen. Die Lammschulter rundum salzen und pfeffern, danach mit dem Knoblauch bestreichen und mit den Kräutern bestreuen. Das Fleischstück zusammenrollen und mit Küchengarn umwickeln. In einem Bräter mit etwas heißem Fett rundum anbraten, dann das Suppengrün und 1/4 l Wasser hinzugeben. Bei geringer Hitze zugedeckt etwa 1 1/2 Stunden schmoren lassen, dabei öfters mit etwas Weißwein übergießen, bis dieser aufgebraucht ist.

Danach den Braten aus dem Bräter nehmen und warm stellen. Den Bratenfond entfetten und durch ein Sieb passieren. Die Sauce abschmecken und eventuell etwas nachwürzen. Das Fleisch in Scheiben schneiden und auf einer Platte anrichten. Zwischen die Fleischscheiben je eine Scheibe Käse schieben und im noch warmen Backofen schmelzen lassen.

 Dazu junge Kartoffeln und einen trockenen Weißwein, zum Beispiel Chablis, reichen.

Gnocchi Galbania

(Für 4 Portionen)

55 g vollreife Tomaten
3 Zwiebeln
1 Knoblauchzehe
125 g durchwachsener Speck
2 El Olivenöl
125 ml trockener Weißwein
Salz, weißer Pfeffer
1 TL Zucker
1 TL getrockneter Oregano
500 g Spinat-Gnocchi
4 EL Galbani Mascarpone
einige Basilikumblättchen

Die Tomaten mit kochendem Wasser überbrühen, dann häuten, halbieren, entkernen und das Fruchtfleisch würfeln. Die Zwiebeln und die Knoblauchzehe fein hacken. Den Speck würfeln.

Das Öl in einer Pfanne erhitzen, die Speckwürfel darin knusprig braten. Die Zwiebeln und den Knoblauch hinzufügen und glasig dünsten, danach die Tomatenstücke untermischen. Den Wein angießen und alles zugedeckt etwa 10 Minuten köcheln lassen.

Die Sauce mit Salz, Pfeffer und dem Oregano abschmecken.

Die Gnocchi in Salzwasser nach Packungsvorschrift bißfest garen, dann abgießen und abtropfen lassen. Die Gnocchi auf Tellern anrichten, mit der Sauce überziehen und je Portion einen Löffel Mascarpone darauf geben. Mit Basilikumblättchen garniert servieren.

 Dazu einen gekühlten italienischen roten Landwein reichen.

Geschmorte Beinscheiben

(Für 4 Portionen)

1,2 kg Beinscheiben vom Rind
3 EL Essig-Essenz 25%
1/4 l trockener Weißwein
1 TL grob gemahlener schwarzer Pfeffer
1/2 l Fleischbrühe
500 g Zwiebeln
500 g Kartoffeln
1 TL Kräuter der Provence, Salz
500 g Kirschtomaten
je 2 Zweige Oregano und Thymian
1 EL frische Rosmarinnadeln

Die Beinscheiben in einer Schüssel in einer Marinade aus Essig-Essenz, Wein und Pfeffer etwa 30 Minuten unter häufigem Wenden ziehen lassen. Danach das Fleisch in einen Bräter legen.

Die Brühe mit der Marinade verrühren und etwa 1/4 davon zum Fleisch geben. Den Bräter zudecken und das Fleisch im Backofen bei starker Hitze garen, dabei das Fleisch öfters mit etwas Bratenfond übergießen.
Die Zwiebeln und Kartoffeln schälen, vierteln und nach 20 Minuten Garzeit zu dem Fleisch geben. Mit Salz, Pfeffer und den Kräutern würzen. Zugedeckt weitere 30 Minuten garen, dann den Deckel entfernen und nochmals etwa 30 Minuten schmoren. Dabei des öfteren mit Bratenfond übergießen.
Die Tomaten zusammen mit den Rosmarinnadeln zum Fleisch geben und alles weitere 20 Minuten garen. Danach das Fleisch von den Knochen lösen und in dem Bräter servieren.

 Dazu einen herben Rotwein reichen.

Putenröllchen mit pikanter Käsefüllung

(Für 4 Portionen)

1 große Möhre
⅛ l Geflügelbrühe
4 Scheiben Putenbrust (je ca. 100 g)
Salz, weißer Pfeffer
3 EL gemischte, gehackte Kräuter (TK)
100 g deutscher Steppenkäse
2 TL Sesamkörner
4 Scheiben Frühstücksspeck (bacon)
20 g Butterschmalz
250 g Zuckerschoten
⅛ l trockener Weißwein
1 TL Speisestärke

Die Möhren in dünne Streifen schneiden, dann etwa 5 Minuten in der Brühe garen. Die Putenschnitzel etwas flach klopfen, leicht mit Salz und reichlich mit Pfeffer bestreuen. Die Kräuter darauf verteilen. Den Käse in dünne Scheiben schneiden und auf die Putenschnitzel legen, dann mit Sesam bestreuen. Die Möhren abtropfen lassen, den Sud auffangen, dann die Möhrenstreifen ebenfalls auf die Putenschnitzel legen. Die Fleischscheiben aufrollen und mit je einer Speckscheibe umwickeln. Mit einem Holzspießchen feststecken.

Das Butterschmalz in einer Pfanne erhitzen und die Rouladen darin rundum anbraten. Den Bratensatz mit der Brühe und dem Wein ablöschen. Die Rouladen darin etwa 15 Minuten garen, dabei öfters wenden.
Die Zuckerschoten in leicht gesalzenem Wasser etwa 3 Minuten blanchieren.
Die fertigen Rouladen aus der Sauce nehmen und warm stellen. Den Bratenfond etwas einkochen und mit der Speisestärke binden. Mit Salz und Pfeffer abschmecken. Die Zuckerschoten abgießen. Die Rouldaden mit den Schoten umlegt und mit Sauce überzogen anrichten.

 Dazu kleine Salzkartöffelchen und einen trockenen Weißwein reichen.

Tortellini mit Tomaten-Fenchel-Gemüse

(Für 4 Portionen)

500 g frische Käse-Tortellini
750 g Tomaten
250 g Fenchel
200 g Champignons
75 g Parmesan im Stück

1 Bund Majoran
2 EL Rapsöl
3 TL Essig-Essenz 25%
1 Msp. Cayennepfeffer
Salz, 1 Msp. Zucker
2 EL Tomatenmark
125 ml herber Rotwein

Die Tomaten mit kochendem Wasser überbrühen, dann pellen, das Fruchtfleisch würfeln. Den Fenchel in dünne Streifen schneiden, das Fenchelgrün zunächst beiseite legen. Die Champignons in Scheiben schneiden. Den Parmesan fein reiben. Den Majoran von den Stielen zupfen und die Blättchen fein hacken.
Den Fenchel in einer großen Pfanne in dem heißen Öl anbraten, danach die Tomaten und die Champignons dazugeben, das Gemüse vermischen und etwa 2 Minuten schmoren. Danach den Rotwein, das Tomatenmark, die Essig-Essenz und etwas Cayennepfeffer (vorsichtig dosieren!), Salz und Zucker dazugeben und alles gut umrühren. Etwa 10 Minuten köcheln lassen.
In der Zwischenzeit die Tortellini nach Packungsvorschrift garen, dann auf Teller verteilen und mit dem Gemüse belegen. Mit Parmesan bestreut servieren.

 Dazu einen leichten roten Landwein reichen.

Pasta tricolore

(Für 4 Portionen)

200 g Staudensellerie
1 Bund Frühlingszwiebeln, 2 EL Butter
¼ l Gemüsebrühe, 2 Knoblauchzehen
1 säuerlicher Apfel, 250 g Mascarpone
3 EL Pesto (Glas), 2 EL Zitronensaft
Salz, schwarzer Pfeffer
400 g rote Bandnudeln, 1 EL Olivenöl
50 g Grana Padano (Käse)

Die Selleriestangen und die Frühlingszwiebeln in Stücke schneiden. Die Butter in einer Pfanne erhitzen und das Gemüse darin kurz andünsten, dann mit der Brühe ablöschen. Die Knoblauchzehe auspressen und dazugeben. Alles 7 Minuten köcheln lassen. Den Apfel schälen, halbieren, das Kerngehäuse entfernen, das Fruchtfleisch reiben und zu dem Gemüse geben. Mascarpone und Pesto dazugeben und gut verrühren. Mit Zitronensaft, Salz und Pfeffer abschmecken.
Die Nudeln nach Packungsanweisung unter Zugabe von Olivenöl bißfest garen, dann abgießen und abtropfen lassen. Die Nudeln mit der Sauce überziehen. Mit dem geriebenen Käse bestreut servieren.

 Dazu einen Salat und einen italienischen Rosé servieren.

Gefüllte Putenbrust mit Kräuter-Käse-Haube

(Für 4 Portionen)

1,5 kg Putenbrust
Salz, weißer Pfeffer
1 Apfel
1 rote Paprikaschote
150 g Lauchzwiebeln
2 altbackene Brötchen
3 Eier
300 g deutscher Hartkäse
2 EL mittelscharfer Senf
1 Bund Petersilie
1/4 l Fleischbrühe
1/8 l süße Sahne
1/8 l trockener Weißwein
20 g Mehl
1 Msp. Zucker

In die Putenbrust seitlich eine Tasche schneiden. Das Fleisch innen und außen mit Salz und Pfeffer einreiben.
Den Apfel und die Paprikaschote putzen und das Fruchtfleisch fein würfeln.
Die Lauchzwiebeln in Ringe schneiden. Die Brötchen einweichen, dann ausdrücken und zu dem Gemüse geben.
Mit einem Ei, etwas Salz und Pfeffer und 150 g des fein gewürfelten Käses gut verkneten.

Die Masse in die Tasche der Putenbrust füllen und diese mit einem Holzspießchen verschließen. Mit etwas Küchengarn umwickeln, damit das Fleisch in Form bleibt.
Das Fleisch in die Fettpfanne des Backofens legen, 1/4 l Wasser angießen und bei starker Hitze etwa 90 Minuten garen. Nach und nach mit der Fleischbrühe begießen, bis diese verbraucht ist.
Für die Käsehaube den restlichen Käse reiben und mit dem Senf, 2 Eigelben und der gehackten Petersilie zu einer Paste verrühren. Etwa 15 Minuten vor dem Ende der Garzeit die Putenbrust damit bestreichen.
Wenn fertig, den Braten aus dem Ofen nehmen und warm stellen. Den Bratenfond in einen Topf gießen, 1/4 l Wasser, den Wein und die Sahne dazugießen. Alles aufkochen und mit Salz, Pfeffer und etwas Zucker abschmecken. Den Braten bei Tisch tranchieren.

 Dazu kleine Röstkartöffelchen, Salat und einen kräftigen Weißwein reichen.

Salate

Pikanter Käse-Kartoffel-Salat

200 g festkochende Kartoffeln
2 Tomaten
150 g junger Gouda
3 EL Kräuteressig, 4 EL Olivenöl
Salz, weißer Pfeffer
1 EL gehackte Petersilie

Die Kartoffeln in der Schale kochen, dann abkühlen lassen und pellen. Danach in dünne Scheiben schneiden. Die Tomaten in Achtel, den Gouda in Streifen schneiden.
Aus dem Essig und dem Öl eine Marinade rühren, mit etwas Salz und Pfeffer abschmecken. Die Marinade in eine Schüssel geben, die Kartoffeln, die Tomaten, den Käse und die Petersilie vorsichtig darin vermengen und etwa eine halbe Stunde ziehen lassen.

 Mit einem sehr trockenen Weißwein servieren.

Feldsalat mit Räucherkäse und Krabben

100 g Räucherkäse in Scheiben
2 EL Kräuteressig
4 EL Sojaöl
Salz, weißer Pfeffer
80 g Krabbenfleisch
150 g Feldsalat

Den Käse in kleine Stücke schneiden. Aus dem Essig, dem Öl, etwas Salz und Pfeffer eine würzige Salatsauce rühren. Die Krabben und die Käsestücke hineingeben und etwa 10 Minuten ziehen lassen. Den Feldsalat auseinanderzupfen, auf Tellern anrichten und mit der Sauce übergießen.

 Mit Baguette und einem trockenen Rotwein servieren.

Käse-Apfel-Salat mit Salami

(Für 2 - 4 Personen)

1 kleiner Kopf Eichblattsalat
75 g Cervelatwurst
75 g Lindenberger Salatkäse
1 rote Zwiebel
1 säuerlicher Apfel
100 ml Salat-Dressing, leicht
20 g Salat-Croutons

Die Salatblätter auf großen Tellern verteilen. Die Wurst und den Käse in dünne Streifen, die Zwiebel in Ringe und den Apfel in Stifte schneiden. Alles mit dem Dressing mischen und kurz durchziehen lassen. Danach auf den Salatblättern anrichten und mit den Croutons bestreut servieren.

Mit geröstetem Weißbrot und einem leichten Landwein servieren.

Tip:
Anstelle der Wurst kann auch Räucherlachs oder geräucherte Forelle genommen werden.

Bunter Käse-Chicorée-Salat

1 Chicorée-Staude
5 Radieschen
2 Tomaten
2 hartgekochte Eier
2 Scheiben gekochter Schinken
100 g Leerdamer
4 EL saure Sahne
2 EL Milch, Salz, weißer Pfeffer
10 Walnußkern-Hälften

Die Blätter des Chicorée einzeln abziehen und auf zwei Teller verteilen. Die Radieschen und die Tomaten in Scheiben schneiden und auf dem Chicorée verteilen. Die Eier in Viertel und den gekochten Schinken in Streifen schneiden. Danach auf die Teller verteilen.
Den Leerdamer in kleine Scheiben schneiden und auf die Teller legen. Die Sahne mit der Milch verrühren, mit etwas Salz und Pfeffer würzen und über den Salat geben. Zum Schluß mit den Walnuß-Hälften dekorieren.

Mit deftigem Landbrot und einem leichten Rosé servieren.

Käse-Salami-Salat

150 g Edamer
120 g Salami
1 große Zwiebel
300 g Cornichons (Glas)
2 Äpfel
5 EL Kräuteressig
Salz, weißer Pfeffer
etwas flüssiger Süßstoff
3 EL Öl
1 Bund Schnittlauch

Den Käse, die Salami und die Zwiebel in Streifen schneiden. Die Cornichons längs vierteln. Die Äpfel entkernen und in Würfel schneiden.
Den Essig mit Salz, Pfeffer und etwas Süßstoff verrühren. Das Öl darunterschlagen. Den Schnittlauch in Röllchen schneiden und unter die Marinade mischen.
Die Marinade über den Salat gießen, alles mischen und zugedeckt etwa eine Stunde ziehen lassen.

 Mit Baguette und einem leichten Rotwein servieren.

Gorgonzola-Dip con pera

(Für 4 Portionen)

Für den Dip:
2 Birnenhälften (Dose)
150 g Gorgonzola
90 ml süße Sahne
50 g Vollmilch-Joghurt
1 EL Zitronensaft, Salz, weißer Pfeffer

Zum Dippen:
1 kleine Salatgurke
2 Stangen Staudensellerie
je 1 gelbe und grüne Paprikaschote
4 Möhren, 150 g Kirschtomaten

Die Birnenhälften gut abtropfen lassen. Den Gorgonzola und die Birnen in grobe Würfel schneiden, dann pürieren und die Sahne und den Joghurt hinzufügen. Mit dem Zitronensaft, Salz und Pfeffer pikant abschmecken.
Staudensellerie und die Salatgurke halbieren und mit einem Buntmesser in Scheiben schneiden. Die geputzten Paprikaschoten und die Möhren der Länge nach in Streifen schneiden. Die Gemüse in einer Schale anrichten und den Dip getrennt dazu servieren.

 Dazu Grissini und einen frischen Rotwein reichen.

Pikanter Wurst-Käse-Salat mit Paprika und Keimsprossen

250 g Fleischwurst
je 1/2 rote und grüne Paprikaschote
60 g Alfalfa Keimsprossen
15 g Kapern
2 EL Zitronensaft
Salz, weißer Pfeffer
je 1/2 Bund Schnittlauch, Dill und Petersilie
200 g Frischkäse, Rahmstufe
1 EL Milch
1 Msp. Paprika, edelsüß

Die Wurst der Länge nach halbieren, dann in Scheiben schneiden. Den Paprika in Streifen schneiden, die Sprossen abspülen. Die Wurst mit den Paprikastreifen, den Sprossen und den Kapern vermengen.
Den Zitronensaft mit etwas Salz und Pfeffer verrühren. Die Marinade über den Salat gießen und gut eine Stunde zugedeckt durchziehen lassen.
Einige Stengel Dill und Petersilie zum Garnieren beiseite legen. Den Schnittlauch in Röllchen schneiden, die restlichen Kräuter fein hacken.
Den Frischkäse mit der Milch glattrühren. Die gehackten Kräuter untermischen. Mit Salz, Pfeffer und dem Paprikapulver abschmecken.
Den Salat mit etwas Sauce überziehen und mit Dill und Petersilie garnieren. Die restliche Sauce getrennt reichen.

 Mit Roggenbrötchen und einem roten Landwein servieren.

Bunter Mozzarellasalat

8 Mozzarellas
1/2 Limone
100 g Hähnchenbrustfilet
1 Msp. weißer Pfeffer
1 EL Sojaöl
1 kleiner Kopf Eisbergsalat
1 frische Mango
1 EL Olivenöl
2 Stengel Zitronenmelisse
1 Msp. Salz
1/4 TL Zitronenpfeffer

Die Mozzarellas gut abtropfen lassen. Die halbe Limone auspressen und die Mozzarellas in dem Saft marinieren. Das Fleisch in kleine Stücke schneiden, mit wenig Pfeffer bestreuen und in dem Öl braten. Dann das Öl mit Küchenkrepp abtupfen und das Fleisch abkühlen lassen.

Den Salat in mundgerechte Stücke zerpflücken. Die Mango schälen, das Fruchtfleisch vom Stein abschneiden und in Würfel schneiden.

Den Saft der Marinade mit dem Olivenöl verrühren. Die Zitronenmelisse fein hacken, mit etwas Salz und Pfeffer zu der Salatsauce geben und gut verrühren. Die Mozzarellas vierteln. Den Eisbergsalat, das Fleisch, die Mangowürfel und die Mozzarellas mit der Salatsauce mischen.

 Dazu geröstetes Kastenweißbrot und einen kernigen Landwein servieren.

Feiner Käsesalat

100 g Lindenberger, 100 g frischer Spinat
2 Stangen Bleichsellerie
je 1/4 Bund Schnittlauch,
Petersilie und Dill
2 EL Weinessig, 3 EL Pflanzenöl
Salz, weißer Pfeffer, 1/2 TL scharfer Senf

Den Käse und den Spinat in feine Streifen, den Sellerie in dünne Scheiben schneiden. Den Schnittlauch in Röllchen schneiden, die Petersilie und den Dill fein hacken.

Den Essig mit dem Öl verrühren und mit Salz, Pfeffer und dem Senf abschmecken. Danach die Kräuter unterrühren. Den Salat locker mit der Marinade vermischen.

 Dazu Brötchen und einen gehaltvollen Tischwein servieren.

 Variation:
Anstelle des Spinats zwei entkernte und geschälte Avocados in Würfel schneiden und mit den restlichen Zutaten vermengen. – Es können auch Bohnenkeime oder Bambussprossen verwendet werden.

Desserts

Butterkäse-Grieß-Soufflé mit Pflaumen

(Für 4 Portionen)

Für das Soufflé:
125 ml Milch
1 Msp. Salz
50 g Hartweizengrieß
10 g Butter
4 Eier
80 g feingeriebener Butterkäse
20 g Zucker

Für die Pflaumen:
400 g entsteinte Pflaumen (Glas)
200 ml kräftiger Rotwein
1 EL Zitronensaft
1 Zimtstange
2 Nelken
2 EL Zucker

Die Milch mit etwas Salz und dem Zucker erhitzen, dann den Grieß einstreuen und unter Rühren aufkochen. Nun vom Herd nehmen, vier Eigelbe und die Butter unterrühren, danach die Masse abkühlen lassen.

Die Eiweiße steif schlagen und mit dem Käse unter die Grießmasse heben. Die Masse in ausgefettete feuerfeste Soufflé-Förmchen füllen und im Backofen bei mittlerer Hitze im Wasserbad etwa 20 Minuten garen.

Den Wein mit allen Gewürzen erhitzen, die Pflaumen dazugeben und alles erkalten lassen.

Die Grießsoufflés mit den Pflaumen und etwas Saft füllen und sofort servieren.

 Dazu einen fruchtigen Rotwein reichen.

Schnelle Käseplatte

(Für 4 Portionen)

Verschiedene Käsesorten nach Geschmack,
je Sorte etwa 100 g:
Roquefort
Bavaria blue oder Dana blue
Camembert oder Brie
spanischer Pyrenäenkäse
Appenzeller

Die verschiedenen Käsesorten auf einer Platte dekorativ mit Salatblättern, Trauben, gehackter Kresse, Cocktailkirschen mit Stiel, grobem Pfeffer und Petersilie oder Dill garniert, anrichten.

 Dazu frisches Baguette oder kerniges Bauernbrot und einen weißen oder roten Qualitätswein, nach persönlichem Geschmack, servieren.

Alt-Berliner Käsekuchen

(Für 4 Portionen)

125 g Tilsiter oder Appenzeller
100 g gewürfelter Katenschinken
100 g Halbfettbutter, 3 Eier
100 g Mehl
1 TL Backpulver
1 TL mittelscharfer Senf
1 EL gehackte gemischte Kräuter
1 Msp. Pfeffer
1 TL Speiseöl, 1 EL Semmelbrösel
1 Tomate

Den Käse in kleine Würfel schneiden. Die Butter schaumig rühren, dann die Eier, das mit dem Backpulver vermischte Mehl, den Käse, den Schinken, den Senf, die Kräuter und etwas Pfeffer darunterrühren.
Eine Kastenform mit etwas Öl ausstreichen und mit den Semmelbröseln ausstreuen. Die Käsemasse in die Form füllen und im Backofen bei mittlerer Hitze in etwa 35 Minuten goldbraun backen.
Danach den Kuchen aus der Form stürzen, portionsweise auf Tellern verteilen und noch warm, mit Tomatenscheiben garniert, servieren.

 Dazu einen fruchtigen, trockenen Rotwein servieren.

Stachelbeertorte mit Haselnüssen

(Für 6 Portionen)

2 Eier
125 g Zucker
1/2 Tütchen Vanillezucker
75 g Mehl
25 g Speisestärke
1 EL Backpulver
100 g gemahlene Haselnüsse
250 g Stachelbeeren (Glas)
1 EL Speisestärke
2 Blatt weiße Gelatine
200 g Frischkäse
80 g Vollmilch-Joghurt
1/2 Vanilleschote

Die Eier mit 4 EL Wasser, 100 g Zucker und dem Vanillezucker schaumig rühren. Das Mehl mit der Speisestärke, dem Backpulver und 70 g Nüssen vermischen und unterheben.
Eine Springform (ø 20 cm) mit Backpapier auslegen, den Teig einfüllen und glattstreichen. Im Backofen bei mittlerer Hitze etwa 35 Minuten backen. Etwas abkühlen lassen, aus der Form lösen und das Backpapier abziehen.
Die Stachelbeeren in einem Sieb abtropfen lassen, den Saft auffangen. Von dem Saft 50 ml abmessen, in einem Topf aufkochen und mit der Speisestärke andicken. Die Stachelbeeren mit dem angedickten Saft vermischen. Die Gelatine in kaltem Wasser einweichen. Den Frischkäse mit dem Joghurt, dem ausgekratzten Vanillemark und dem restlichen Zucker verrühren. 3 EL von dem restlichen Stachelbeersaft erhitzen. Die Gelatine ausdrücken und in dem heißen Saft auflösen, dann unter die Frischkäsemasse rühren.
Den erkalteten Tortenboden zweimal quer durchschneiden. Eine Teigplatte in die Springform legen und mit der Hälfte der Creme bestreichen. Den zweiten Boden darauflegen, die Stachelbeeren darauf verteilen. Den dritten Boden daraufsetzen, den Rest der Creme darauf verstreichen.
Die Torte im Kühlschrank fest werden lassen. Dann aus der Form lösen.
Die restlichen Haselnüsse in einer Pfanne anrösten und auf die Torte streuen.

 Dazu einen Dessertwein servieren.

Pikante Weinkäse-Rumfrüchte in Blätterteig auf Rumschaum-Sauce

(Für 4 Portionen)

4 Platten Blätterteig (TK)
1 EL brauner Zucker

Für die Weinkäse-Rumfrüchte:
½ l Rumfrüchte (Glas)
2 Weinkäse

Für die Rumschaum-Sauce:
4 Eigelb
4 EL Puderzucker
1 Msp. Zimtpulver
¼ l Rum-Flüssigkeit von den Früchten

Für das Käsegebäck:
1 Eigelb
½ TL Kümmel
60 g fein geriebener Allgäuer Bergkäse

Den Blätterteig dünn ausrollen. Brioche-Förmchen mit kaltem Wasser ausspülen, dann mit Blätterteig auslegen, mit dem Zucker innen bestreuen.
Bei starker Hitze im Backofen etwa 15 Minuten backen, aus dem Ofen nehmen und abkühlen lassen, aus den Förmchen stürzen. Aus dem restlichen Blätterteig Streifen schneiden, diese mit Eigelb bestreichen und mit dem Bergkäse und Kümmel bestreuen. Die Streifen bei starker Hitze etwa 15 Minuten backen.
Die Rumfrüchte abtropfen lassen, die Flüssigkeit auffangen. Die Früchte würfeln, den Weinkäse ebenfalls würfeln. Beides vermischen.
Für die Sauce den Zimt, den Puderzucker und die Eigelbe schaumig schlagen, dann in ein Wasserbad stellen und langsam erhitzen. Unter ständigem Schlagen die Rumflüssigkeit dazugeben und erhitzen, bis die Masse cremig wird.
Den Käse mit Rumfrüchten in die Blätterteig-Toreletts füllen. Die Creme auf Desserttellern anrichten und die Toreletts daneben setzen. Die Käse-Blätterteig-Streifen dazu servieren.

 Dazu einen trockenen Riesling oder Silvaner aus Franken reichen.

Gepfefferte Brieröllchen

4 Stangen Staudensellerie
¼ l trockener Weißwein
250 g Brie mit grünem Pfeffer
1 Packung TK-Blätterteig (à 300 g)
2 EL Mehl

Den Sellerie in dünne Scheiben schneiden und in dem Wein etwa 7 Minuten dünsten, dann herausnehmen und abkühlen lassen. Den Brie in kleine Würfel schneiden, mit dem Sellerie vermischen. Den aufgetauten Blätterteig auf einer bemehlten Arbeitsfläche etwa messerrückendick ausrollen und in acht Rechtecke teilen. Die Teigstücke mit der Sellerie-Käse-Mischung belegen, aufrollen und an den Enden umfalten.
Ein Backblech mit dem Wein anfeuchten und die Teigröllchen darauflegen. Im Backofen bei starker Hitze goldbraun backen, dann heiß servieren. - Dazu trockenen Weißwein reichen.

Birnen mit Käsefüllung

2 reife Williams-Birnen
100 g Kräuter-Schmelzkäse
30 g süße Sahne
1 EL gehackte Haselnüsse

Die Birnen waschen, halbieren und das Kerngehäuse ausstechen. Wenn möglich, die Stiele an je einer Hälfte belassen. Den Schmelzkäse mit der Sahne gut verrühren, die Masse in einen Spritzbeutel füllen und die Höhlung der Birnen damit füllen. Mit den gehackten Haselnüssen bestreut anrichten.

 Dazu einen gehaltvollen französischen Rotwein servieren.

Preiselbeer-Frischkäse

125 g Doppelrahm-Frischkäse
50 g süße Sahne
2 EL Preiselbeerkonfitüre
1 EL Zitronensaft
½ Tütchen Vanillezucker
1 Msp. Zimt
1 TL Rum
1 EL Kirschlikör
1 EL Pinienkerne
1 EL Sonnenblumenkerne
1 EL ungesalzene Pistazien

Den Frischkäse mit der Sahne glattrühren. Die Preiselbeermarmelade, den Zitronensaft, den Vanillezucker, den Zimt, den Rum und den Kirschlikör daruntermischen und gut verrühren. Die Pienienkerne, die Sonnenblumenkerne und die Pistazien fein hacken und unter den Frischkäse rühren. Etwa 1 Stunde im Kühlschrank ziehen lassen, dann gut gekühlt servieren. – Mit Dessertwein genießen.

Käserösti mit Pflaumen

2 große Rösti (TK)
6 EL Apfelmus
2 Scheiben junger Gouda (à ca. 50 g)
200 g entsteinte Pflaumen (Glas)
einige Stengel Zitronenmelisse

Die Rösti nach Packungsvorschrift auftauen und zubereiten, dann mit dem Apfelmus dick bestreichen. Auf die Apfelrösti je eine Scheibe Gouda legen, auf ein Backblech geben und im Backofen solange überbacken, bis der Käse geschmolzen ist.
Dann auf Tellern anrichten. Die Pflaumen und etwas Saft zu den Rösti auf die Teller geben und mit Zitronenmelisse garnieren.

 Dazu einen fruchtigen Landwein aus der Pfalz servieren.

Würziger Obstsalat mit Frischkäse

1 großer Boskoopapfel
1/2 Honigmelone
2 Kiwis
120 g vollreife Erdbeeren
150 g Frischkäse
50 g süße Sahne
Salz, weißer Pfeffer
einige Brombeeren (oder Heidelbeeren)
1 EL gehackte Pistazienkerne

Den Apfel schälen, das Kerngehäuse entfernen, dann das Fruchtfleisch in dünne Spalten schneiden. Die Honigmelone schälen, entkernen und in dünne Spalten schneiden. Die Kiwis schälen und in Scheiben schneiden. Die Erdbeeren halbieren. Die Früchte dekorativ auf Tellern anrichten.
Den Frischkäse mit der Sahne gut verrühren und mit wenig Salz und Pfeffer abschmecken. Die Käsesahne über die angerichteten Früchte geben. Mit den Brombeeren umlegen und alles mit den gehackten Pistazienkernen überstreuen.

 Dazu einen frischen Rheinwein servieren.

Früchtesalat mit Käsecreme

(Für 6 Portionen)

220 g Stilton, 100 g Butter
4 cl Birnengeist
36 große, blaue Weintrauben
200 g Birnen, 2 Kiwis
1/16 l Zuckersirup, Saft von 1/2 Zitrone
20 g Waldhonig, 18 halbe Walnußkerne

Für die Creme den Stilton mit der Butter durch ein Sieb passieren, 2 cl Birnengeist dazugeben und alles schaumig rühren. Die Weintrauben schälen und mit einem spitzen Messer die Kerne herausziehen. Die Birnen schälen, vierteln, entkernen und in 24 Spalten schneiden. Die Kiwis schälen und in 12 Scheiben schneiden.
Den Zuckersirup, den Zitronensaft, den Honig und den restlichen Birnengeist in eine Schüssel geben und gut verrühren. Das Obst in eine Schale legen und mit dem Sirup übergießen. Etwa eine Stunde ziehen lassen. Danach das Obst auf flachen Tellern dekorativ anordnen. Die Käsecreme in einen Spritzbeutel mit Sterntülle füllen und in die Mitte des Tellers spritzen. Mit den Walnußkernen garniert servieren.

 Dazu einen leicht gekühlten Rotwein oder Sauternes servieren.

Brie mit Rotwein-Pflaumen

(Für 4 Portionen)

500 g entsteinte Pflaumen (Glas)
4 EL Quittengelee
6 EL halbtrockener Rotwein
1 TL eingelegte grüne Pfefferkörner
1 Msp. Ingwerpulver
200 g deutscher Brie

Die Pflaumen abtropfen lassen, den Saft auffangen. Das Quittengelee und den Rotwein in einem Topf erhitzen, gut verrühren und dicklich einkochen lassen. Die Pflaumen in dem Sirup erhitzen. Die Pfefferkörner einrühren und alles mit Ingwerpulver abschmecken, dann abkühlen lassen.
Den Brie aufschneiden und mit den Pflaumen anrichten.

 Dazu einen halbtrockenen Rotwein von der Ahr reichen.

Pikantes Käsegebäck

Raffinierte Käsebällchen

6 EL Butter
Salz, weißer Pfeffer
125 g Mehl
3 große Eier
150 g Lindenberger Hartkäse
1 EL Sojaöl

150 ml Wasser mit der Butter und etwas Salz in einem Topf aufkochen. Das Mehl auf einmal in die kochende Flüssigkeit geben. Den Topf vom Herd nehmen und mit einem Kochlöffel rühren, bis sich ein glatter Kloß bildet. Den Topf wieder auf den Herd stellen und den Teig bei geringer Hitze rühren, bis sich der Kloß vom Topf löst und sich am Topfboden eine weiße Haut bildet.
Den Teig in eine Schüssel geben und etwas abkühlen lassen. Nacheinander zwei Eier in den Teig einarbeiten, bis er goldgelb glänzt und in langen Spitzen vom Löffel reißt.

Den Käse in kleine Würfel schneiden und zusammen mit etwas Pfeffer unter den Teig rühren.
Den Teig in kleinen Bällchen auf ein mit dem Öl eingefettetes Backblech spritzen. Das letzte Ei schaumig schlagen und die Bällchen mit der Eimasse bepinseln. Im Backofen bei starker Hitze etwa 15 Minuten backen. Dabei etwas Wasser in die Fettpfanne des Backofens gießen und die Ofentür sofort schließen. Lauwarm oder kalt servieren.

 Dazu einen trockenen Badenser Tischwein servieren.

Gefüllte Käsetaler

(Für 18 Stück)

4 Scheiben TK-Blätterteig (300 g)
2 Eigelb
30 g Salami in Scheiben
50 g Sbrinz (Schweizer Hartkäse)

Die Blätterteigscheiben nebeneinanderlegen und etwa 10 Minuten antauen lassen. Die Eigelbe verquirlen. Die Salami in Streifen schneiden, den Käse fein reiben. Jede Teigplatte auf etwa 13 x 25 cm Größe ausrollen. Aus zwei Teigplatten mit einer Form (7-8 cm ø) 18 Taler ausstechen.
Diese mit der Hälfte des Eigelbs bestreichen. Den Käse und die Salami darauf verteilen, dabei rundum 1/2 cm Rand freilassen.
Aus den restlichen Teigplatten nochmals 18 Taler ausstechen. Die belegten Taler damit bedecken, dann die Ränder fest zusammendrücken. Die Oberflächen mit dem restlichen Eigelb bestreichen.
Ein Backblech mit Wasser befeuchten, die Taler darauflegen und bei starker Hitze in 10 bis 15 Minuten goldbraun backen.

 Dazu einen Chablis oder Frankenwein reichen.

Würzige Käse-Kümmel-Stangen

(Für 45 Stück)

6 Scheiben TK-Blätterteig (450 g)
100 g Cheddar (Hartkäse)
2 Eigelb
weißer Pfeffer, 1 TL Kümmel

Die Blätterteigscheiben etwa 10 Minuten antauen lassen. Den Käse reiben, die Eigelbe verquirlen. Die einzelnen Teigscheiben auf etwa 15 x 30 cm Größe ausrollen. Drei Teigplatten mit der Hälfte des Eigelbs bestreichen, mit dem Käse und etwas Pfeffer bestreuen. Die belegten Teigplatten mit den restlichen Teigplatten abdecken, die Ränder fest andrücken. Daraus etwa 2 cm breite Streifen schneiden, diese mit dem restlichen Eigelb bestreichen und mit dem Kümmel bestreuen.
Ein Backblech mit Wasser anfeuchten. Die Teigstreifen zu Spiralen drehen, auf ein Blech legen und im Backofen bei starker Hitze in 10 bis 15 Minuten goldbraun backen.

 Dazu einen trockenen Weiß- oder Rotwein servieren.

Würzige Käse-Kräuter-Happen

(Für 40 Stück)

*75 g Räucherschinken
1 kleine Zwiebel
je 1 Bund Petersilie, Dill und Schnittlauch
250 g Mehl, 1 TL Backpulver
200 g Butter, 250 g Magerquark
1 Msp. Pfeffer, 1/2 TL Salz
1 TL Butter*

Den Schinken und die Zwiebel in kleine Würfel schneiden. Die Kräuter fein hakken. Das Mehl mit dem Backpulver, der Butter, dem Quark, den Schinken- und Zwiebelwürfeln, den Kräutern, dem Pfeffer und dem Salz zu einem Teig verkneten. Aus dem Teig Rollen von etwa 5 cm Durchmesser formen. Von den Rollen etwa 2 cm dicke Scheiben abschneiden und diese zu Kugeln drehen.
Ein Backblech mit der Butter einstreichen. Die Teigkugeln daraufsetzen und oben eine kleine Vertiefung eindrücken.
Im Backofen bei starker Hitze in etwa 20 Minuten goldbraun backen.

 Dazu einen leicht gekühlten Roséwein von der Ahr servieren.

Pikante Käseschnecken

(Für 60 Stück)

*200 g Mehl, Salz
100 g Butter, 100 g Kräuterschmelzkäse
1 Eigelb
3 EL Kümmel, 1 TL Butter*

Das Mehl mit etwas Salz, der Butter und dem Käse zu einem glatten Teig verkneten. Den Teig auf einer bemehlten Arbeitsfläche etwa 5 mm dick ausrollen und in schmale, etwa 10 cm lange Streifen radeln oder schneiden.
Das Eigelb mit 1 EL Wasser verschlagen. Die Teigstücke mit dem Gemisch bepinseln und mit etwas Kümmel bestreuen. Ein Backblech mit der Butter einfetten. Die Teigstreifen zu Schnecken aufrollen und auf das Blech legen.
Im Backofen bei starker Hitze in 12 bis 15 Minuten goldbraun backen.

 Dazu einen trockenen Moselwein servieren.

Rezeptverzeichnis

Backpflaumen mit Käsecreme	33
Baguette, überbackenes mit Frischkäse	29
Beinscheiben, geschmorte	71
Birnen mit Käsefüllung	88
Blätterteigtaschen, fein-würzige	32
Brie mit Rotwein-Pflaumen	90
Brieröllchen, gepfefferte	88
Butterkäse-Grieß-Soufflé mit Pflaumen	82
Champignon-Kartoffel-Gratin, würziges	36
Cordon bleu, mild-sahniges	21
Feldsalat mit Räucherkäse und Krabben	76
Fischfilets, delikate	37
Forelle auf Sekt-Sauerkraut	61
Frischkäse-Auflauf, pikanter	17
Früchtesalat mit Käsecreme	90
Gänsebrust auf Erdnuß-Coulis	42
Gänsebrust mit Rote-Bete-Gemüse	54
Gemüse, überbackenes gefülltes	53
Gemüse-Kartoffeln, gratinierte	34
Gnocchi Galbania	70
Gnocchi mit Käse-Rauken-Sauce	48
Gorgonzola-Dip con pera	78
Hackbraten mit Käse	56
Hähnchen ‚Baronet'	50
Hasentartes, fruchtige	22
Hühnerbrustfilets, gratinierte	60
Kaninchen, geschmortes	68
Kartoffelgratin, herzhaftes	40
Kartoffeln, badische mit Münsterkäse	41
Käse, pikant eingelegter	25
Käse-Apfel-Salat mit Salami	77
Käseauflauf, pikanter	36
Käsebällchen, raffinierte	92
Käse-Brokkoli-Soufflé, würziges	44
Käse-Chicorée-Salat, bunter	77
Käsefondue, schnelles	24
Käsekartoffeln, überbackene, würzige	29
Käsekartoffeln, würzige	16
Käse-Kartoffel-Salat, pikanter	76
Käse-Kräuter-Happen, würzige	94
Käsekuchen, Alt-Berliner	84
Käse-Kümmel-Stangen, würzige	93
Käsenocken auf Rosenkohlgemüse	58
Käseplatte, schnelle	84
Käserösti mit Pflaumen	89
Käse-Salami-Salat	78
Käsesalat, feiner	81
Käseschnecken, pikante	94
Käsesoufflé, fein-würziges	20
Käsespätzle, würzige auf Spinatbett	49
Käsetaler, gefüllte	93
Kräutercreme, würzige in Paprikahälften	24
Lammschulter, geschmorte mit Kräutern	68
Lasagne, würzige mit Ricotta	45

Mozzarella, eingelegter	28
Mozzarellasalat, bunter	80
Nudelauflauf, raffinierter	48
Obstsalat, würziger mit Frischkäse	89
Paprikaschoten, gefüllte	50
Pasta tricolore	73
Penne mit 4 Käsesorten	21
Pesce al forno	46
Pollo ‚Trentino'	64
Preiselbeer-Frischkäse	88
Putenbrust, gefüllte	74
Putencurry in Maasdamer-Sauce	52
Putenröllchen mit pikanter Käsefüllung	72
Putenschnitzel mit Roquefortsauce	65
Quiche auf Landmannsart	16
Rauchfondue, pikantes	60
Riesling-Käse-Suppe mit Blätterteig-Talern	26
Rindfleisch, geschmortes in Rotwein	38
Romadur, deftiger	25
Rouladen, raffinierte mit Käsesauce	57
Schafskäse-Brotaufstrich, pikanter	28
Schmetterlingssteaks, feine	56
Schollenröllchen mit Käse und Spinat	53
Sellerie-Cordon-Bleus mit Butterkäse	64
Spaghetti mit Gemüse und Petersilienpesto	66
Spinat in Käse-Creme-Sauce	14
Stachelbeertorte mit Haselnüssen	85
Tortellini mit Tomaten-Fenchel-Gemüse	72
Weinkäse mit Sherry-Champignons	30
Weinkäse-Rumfrüchte	86
Weintrauben, fritierte in Käse-Bierteig	33
Wurst-Käse-Salat	80
Zucchiniauflauf, würziger	40
Zucchini-Schiffchen, überbackene	18